I0098200

Antonio Mira de Amescua

El mártir de Madrid

Edición de Vern Williamson

Barcelona **2024**
Linkgua-ediciones.com

Créditos

Título original: El mártir de Madrid.

© 2024, Red ediciones S.L.

e-mail: info@linkgua.com

Diseño de cubierta: Michel Mallard.

ISBN tapa dura: 978-84-1126-246-0.
ISBN rústica: 978-84-9816-084-0.
ISBN ebook: 978-84-9897-559-8.

Sumario

Brevísima presentación

La vida

Antonio Mira de Amescua (Guadix, Granada, c. 1574-1644). España.

De familia noble, estudió teología en Guadix y Granada, mezclando su sacerdocio con su dedicación a la literatura. Estuvo en Nápoles al servicio del conde de Lemos y luego vivió en Madrid, donde participó en justas poéticas y fiestas cortesanas.

Personajes

Álvaro Ramírez, padre
Don Pedro, hijo de don Álvaro
Don Fernando, hijo de don Álvaro
Trigueros, lacayo
Clemencia, prometida de Fernando
Don Juan, galán
Rey de Árgel
Lidoro, corsario moro
Celaura, infanta mora
Clara, criada de Clemencia
Alguacil
Criado
Moros

Jornada primera

(Sale don Álvaro tras Pedro con su báculo, y don Fernando.)

Álvaro
      ¡Vive Dios, que has de morir
a mis manos!

Pedro
            ¡Hoy me abrasa
el furor! Has de advertir
que ya mi obediencia pasa
los términos del sufrir.
   Si tienes de padre el celo,
mira que no hay en el suelo
a quien agravios consienta,
y te escribiré en la cuenta
de las venganzas del duelo.
   Palos la muerte vengó
y estoy por matarte aquí,
porque quien mi afrenta vio
dirá que los recibí,
pero no quien me los dio.

Fernando
   Padre, el enojo suspende.
Hermano, si nunca ofende
un padre cuando castiga,
¿qué loca furia te obliga?

Pedro
Es la que mi honor defiende.
   Tan bárbaro enojo y rabia
no es de padre, y siempre entienda
su experiencia poca sabia,
que con palabras enmienda
y con las obras agravia.
   A solo reprehender

llega de un padre el poder;
y pues le viene a faltar
fuerza para castigar,
castiga para ofender.

Fernando
        No han sido ésos los intentos
de nuestro padre.

Pedro
                ¡Es en vano
templar mis atrevimientos!

Álvaro
En tus palabras, villano,
conozco tus pensamientos.
    Descompuesto y atrevido
te muestras de mí ofendido,
y por agravios te quejas
de tu padre; pues, ¿qué dejas
para un hombre mal nacido?
    Por malos pasos que lleve
un hombre o un demonio igual,
por más insultos que pruebe,
en siendo hombre principal
jamás al padre se atreve;
    que cuando al mundo destruya
con las maldades que emprende
y sanos consejos huya,
viendo al padre le suspende
la sangre que tiene suya.
    Aunque ya decir podría
que es la que tu pecho cría;
pues a no estimarse empiezas,
tan mezclada en tus bajezas
que no conoce la mía.
    Tú eres noble; tú naciste

con obligaciones tantas
en Madrid. ¿Dónde aprendiste
bajezas que al mundo espantas
con escándalos que diste?
   ¿Faltan a tu rey fronteras
donde le sirvas? ¿Qué esperas,
valiente, en tu misma calle...

Fernando   Deja, señor, de afrentalle.

Álvaro   ...a sombra de las banderas
   del gran Filipo? ¡Y por él
debe el vasallo fiel
morir! Haz del pecho alarde.
Pero en la guerra es cobarde
quien en la paz es cruel.
   Por mi vergüenza me aflijo,
pues oigo, aunque te corrijo,
sin que mi disculpa cuadre,
que por pecados del padre
suele salir malo un hijo.

(Sale Trigueros.)

Trigueros   Un alguacil viene a hablarte.
Mira que viene a buscarte
la justicia.

Pedro   ¿Cuántos son?

Trigueros   Ochenta.

Pedro   ¡Linda ocasión!

Fernando	¿Qué? ¿Ansí quieras despeñarte, hermano?
Álvaro	Advierte el amor de padre, pues que procuro, en medio de mi rigor, tu bien.
Pedro	Por mí estoy seguro; nada me causa temor.
Trigueros	¿Hay semejante inocencia?
Fernando	A la justicia es prudente quien la huye.
Pedro	¿Yo prudencia, cuando sé que no hay valiente sin alguna resistencia?
Fernando	Hermano...
Pedro	No te alborotes.
Álvaro	Tu daño en vano resisto.
Trigueros	Señor, seamos Lanzarotes.
Pedro	Yo he de esperar.
Trigueros	¡Vive Cristo, que me han de matar a azotes!
Álvaro	Hijo, siquiera por mí

debes tu agravio excusar;
vuelve en la calle por ti.
Allí te puedes mostrar
valiente.

Fernando   Escóndete aquí,
   Pedro, si puede mi ruego
contigo.

Trigueros   Y yo también llego
postrado a tus pies de hinojos
o espinazos.

Fernando   Tus enojos
te dejan furioso y ciego.
   Guarda la vida y podrás
hacer tu gusto después.

Pedro   Cobardes consejos das.
¿Qué haré, Trigueros?

Trigueros   No des
de comer a Satanás,
   pues dicen plumas sutiles
que ganancias de alguaciles,
æpor boca del pueblo habloæ
son pistos para el diablo.

Pedro   Aunque son consejos viles,
   los tomo.

(Vase. Va a abrir Trigueros y túrbase. Sale un Alguacil.)

Álvaro   Entre la justicia.

Trigueros	Entre.
Alguacil	Por fuerza ha de entrar.
Trigueros	Lo demás fuera injusticia; entre en buena hora a mandar un servidor de Galicia.
Alguacil	Señor don Álvaro, entienda que delitos sin enmienda es razón que se castiguen, y pésame que me obliguen a que en su casa le prenda. Don Pedro vive tan mal que es mengua llamarle hijo de un hombre tan principal.
Álvaro	Yo le enmiendo y le corrijo.
Trigueros	Hoy se partió a Portugal por la posta, y antes fuera, sino que estaba sangrado un macho de la litera.
Alguacil	Muy buena posta ha tomado.
Trigueros (Aparte.)	(Entretenerle quisiera porque se pueda esconder mi amo.)
Alguacil	Yo he de saber si está en casa.

Trigueros (Aparte.)   (Aun no penetra
la verdad.) Pues esta letra
nos dio un ginovés ayer
   para un fulano Asmodeo,
mercader en la rúa Nova.

Alguacil   Veamos.

Trigueros (Aparte.)   (¡Qué si lo creo!
No tengo el alma tan boba
que no [le] entien[do] el deseo.)
   Querrá aprovecharse de ella.
Hay letra que a treinta días
vista se paga por ella
y ésta, excusando porfías,
pide treinta para vella.

Álvaro   ¡Pesado animal estás!
Algo se ha de hacer por mí,
señor.

Trigueros (Aparte.)   (Y por mí algo más.)

Alguacil   Traigo el mandamiento aquí.

Trigueros   Si es él de «no tardarás»,
   dile, puesto en la cabeza,
mente homo.

Fernando (Aparte.)   (Si éste empieza,
gastará pesado humor.)
Yo os lo suplico, señor.

Alguacil   Fuera ya mucha extrañeza

la mía si aquí mostrara
más rigor; pero advertid
que ha de costar muy cara
la asistencia de Madrid.

Álvaro   Nadie en mi casa le ampara.
                 A Italia irá.

Trigueros   Bel país.

Alguacil   ¿Qué me miráis con cuidado?

Trigueros   ¿Qué miro?

Fernando   En eso advertís...

Trigueros   Que esbozaste de un traslado
                 de un regidor de París.

Alguacil   Estimo en mucho el favor,
                 y sed menos hablador.

Trigueros   Pregunta y si algo discrepo...

Alguacil   Os meteré yo en un cepo.

Trigueros   En una cepa es mejor.

Álvaro   Yo quedo muy satisfecho
                 del favor que me habéis hecho,
                 y en más lo pienso servir.

(Déle algo.)

Trigueros (Aparte.)	(Bien lo puede recibir, que la cura es de provecho. Con los doctores compiten. Puesto más dinero, aprueban aquéllos; pues lo permiten, porque visitando llevan, y estoy porque no visiten.)
Alguacil	¿Mandáis, señor, otra cosa?
Álvaro	Que me dejáis obligado, confieso.

([Vase el Alguacil y] sale Pedro.)

Trigueros	No vive ociosa la gente; dulce bocado será.
Fernando	Fue ocasión forzosa.
Pedro	Ya estoy libre del rigor de la justicia esta vez.
Álvaro	Mas yo, que soy el fiador, he de ser tu mismo juez si le pierdes el temor. Vete de Madrid sin dar venganza a tus enemigos.
Pedro	¿Ya me quieres desterrar de Madrid?
Trigueros	¿Faltan amigos

en todo humano lugar?
    Dejemos la corte un poco,
que son las cosas que toco
dondequiera que entro y salgo
para podrirse un hidalgo,
y dar de podrido en loco.

Pedro
    Resuelto estoy; yo me iré
donde mi suerte me guía.

Álvaro
Cuanto pidas te daré.

Trigueros
Yo voy en tu compañía;
que basta.

Álvaro
        Yo buscaré
    cartas que importantes sean
para Italia, si allá fueres.

Pedro
Nunca los nobles grangean
por cartas. Si verme quieres
como tus ojos desean,
    por ti me pueden honrar,
que es tu principal intento.
Dinero me puedes dar,
que cartas las lleva el viento
matando con esperar.

Trigueros
    Más llevo yo de cuarenta
y todas son de favor
si pintan.

Álvaro
        ¡Qué buena cuenta
dará un mozo pagador!

Pedro	Más mi dilación se aumenta.
	¡Despáchame, o vive Dios,
	que pues mis locuras sabes,
	haga un delito!
Trigueros	Los dos
	para un arca de tres llaves
	bastamos.
Fernando	¿Y bastáis vos,
	mancebo?
Trigueros	Pues, pese a mí,
	¿qué hombre muñeca no sabe
	dar luz a un cofre? Yo abrí
	alguno estando la llave
	cincuenta leguas de aquí;
	que aunque la llave esté ausente,
	basta su lugarteniente,
	[a] quien los griegos llamaron
	ganzúa, que bien trataron
	el remedio de la gente.
	En viéndose una pubona
	en una poca apretura,
	Caco, su inventor, le abona
	metiendo en la cerradura
	la que a nadie no perdona.
Álvaro	¿Cuánto has menester?
Pedro	Dinero.
Álvaro	¿Qué tanto?

Pedro	Dinero.
Álvaro	¿Cuánto?, pregunto.
Pedro	Dinero quiero.
Trigueros	Tú no podrás darle tanto como yo gastarlo espero. El que presta, da contado; y sin contar el que da. Dale a ojo.
Álvaro	Más cuidado me dan tus costumbres ya, que el dinero mal gastado. Entra, que a tu bien aspiro, si bien llorando me admiro de que te despeñas tanto. Pedro, Dios te haga un santo.

(Vase don Álvaro.)

Trigueros	Toma, cristiano, y no miro.
Pedro	Quise atajar de razones, porque pienso que quería darme el dinero en sermones.
Trigueros	Y predicarlos podía el buen viejo a los bretones.
Fernando	Espera, hermano.

Trigueros	Paciencia.
Pedro	¿Qué quieres?
Fernando	Oye mi intento.
	Ya sabes como en Valencia
	se trata mi casamiento.
Pedro	Ya sé que doña Clemencia
	de Luna ha de ser tu esposa
	y que es tu suegro don Diego.
Fernando	Pues tu partida es forzosa;
	que sea a Valencia te ruego.
	Será menos peligrosa.
	Si dices que eres mi hermano,
	y que mi padre te envía,
	que han de regalarte es llano.
Pedro	Fernando, admitir querría
	tu favor, pero es en vano;
	que me pienso desterrar
	de suerte, surcando el mar,
	por no ver un padre ingrato
	que apenas mi nombre y trato
	pueda la fama escuchar.
Fernando	Yo sé cuando me escuchabas
	y que por mí te regías.
Pedro	Menos riguroso estabas,
	pues a mi padre encubrías
	lo que agora le contabas.

Fernando	Todo por tu bien ha sido.
Pedro	¿Harto bien te ha parecido cuando mi gusto destruyas?
Fernando	De la justicia es quien huyas los daños que no has temido. 　Vete a Valencia entre tanto que mi partida prevengo.
Pedro	Yo iré; no me ruegues tanto.
Fernando	Alma y brazos te prevengo bañado en piadoso llanto. 　Mientras la suerte envidiosa de tu descanso se olvida, te regalará mi esposa.
Pedro	Ya ve el alma agradecida tu voluntad generosa.

(Vase Pedro.)

Fernando	Oye, Trigueros.
Trigueros	Señor.
Fernando	Si tienes a Dios temor...
Trigueros	Pues, ¿soy algún luterano?
Fernando	...aconséjale a mi hermano ya que le sirves mejor.

Mira que tu compañía
dicen que le trae perdido.

Trigueros   Miente quien dice la mía;
la suya me ha destruido,
como él lo dirá algún día;
   que una vez que me llevó
a ver unas dromedarias,
mi pureza se perdió.
Cosas poco necesarias
te estoy refiriendo yo;
   basta que adelante sea
en los consejos Catón.

Fernando   ¿Y es justo que ansí se crea
de tu ingenio y tu intención?

Trigueros   Adiós, rigurosa Andrea
   de los Alamos del Prado.
Borraré títulos fieros
de tu nombre celebrado,
y perderá el de Trigueros
por espárrago.

Fernando   ¡Ya has dado
en tu común necedad!

Trigueros   Ésta es de amor la licencia.
De tan rolliza beldad,
¿quién no ha de llorar la ausencia?
Para moverla a piedad,
   ¿quieres que en tantos enojos,
cuando ella rinde despojos
al río en mansa corriente,

que llore por mí la puente
si nunca hay agua en sus ojos?
 El río forma querella
de Madrid porque le trata
con tan rigurosa estrella,
que le hace puente de plata
para que huya por ella;
 mas él nos dio la palabra,
como al fin taimado y viejo,
que aunque la puente le labra,
no ha de verse en ese espejo
por más que los ojos abra.
 Pues cuando soy el estanco
de lágrimas que condenas,
¿quieres que piadoso y franco
el río llore mis penas?
¡Sí, echa los ojos en blanco!

(Vase [Trigueros. Sale don Álvaro].)

Fernando	Irá bien acompañado
	mi hermano de este criado;
	mas, ¿quién se lo ha de estorbar?

Álvaro	Albricias me puedes dar.
	En este pliego ha llegado
	la breve resolución
	de tu partida a Valencia
	porque hay nueva pretensión
	que la ha causado tu ausencia.

| Fernando | Mal haya la dilación. |

| Álvaro | Fortuna a tu bien dispuesta |

te ofrece dichoso estado.
La alegre partida apresta,
pues una mujer te ha dado,
tan hermosa como honesta.
 Dicen que su fama crece
por encerrada y por bella;
y bien la fama merece,
pues parece una doncella
más bien cuando no parece.
 Por ella te doy lugar
que me olvides.

Fernando   ¿Yo he de dar
tal pago a quien me dio el ser?

Álvaro   ¿No ves que por la mujer
los padres se han de olvidar?
 Tarde mi llanto resisto,
pero es injusta mi queja;
uno se va por mal quisto,
otro por bueno me deja.
¡Nunca tan solo me he visto!
 Llega a mis brazos Fernando.

Fernando   Ya espero tu bendición.

Álvaro   No sé si podrá llorando
dar fuerzas el corazón
a la lengua; voy turbando
 con el dolor los sentidos.
Dios a mis ojos te vuelva.

(Vase.)

Fernando
Quedaron enternecidos
de la más inculta selva
troncos de rigor vestidos;
   pero llevaré un consuelo,
si es que merezca alcanzar
a mi hermano. Quiera el cielo
que yo le pueda encontrar;
mas de su prisa recelo,
   que ha de llevarla también,
porque el peligro le avisa
que sus delitos le ven
y siempre viven aprisa
los que no han vivido bien.

(Vase Fernando. Salen don Juan y doña Clemencia.)

Clemencia
   En vano me persuades.

Juan
Mis verdades atropellas,
cruel.

Clemencia
   Si no he de creellas
¿qué importa que sean verdades?
   Sabes que aguardo mi esposo
de Madrid, pues, ¿qué pretendes?

Juan
Vengarme, pues que me ofendes.

Clemencia
Ya eres necio por celoso.
   ¿De quién te piensas vengar?

Juan
¡De ti! Y con justo castigo,
pues que siendo tu enemigo,
que ansí me puedo llamar.

Si tú me aborreces tanto,
de suerte obligarte pienso
con un amor tan inmenso,
mezclado en piadoso llanto,
   que aunque una tigre feroz
te haya dado el bruto pecho,
viéndome en llanto deshecho,
te ha de enternecer mi voz;
   y si templando el rigor
le das vida a mi esperanza,
será la mayor venganza
que vieron tiempo y amor.
   Pues si cruel me ofendiste,
de ti me habrás de vengar
viniéndote a sujetar
a quien tanto aborreciste.

Clemencia   Tanto has venido a engañarte
que tu locura lo advierte.
No quiero por no quererte,
¿y he de querer por vengarte?

Juan   Siempre fuiste agradecida.
¿Cómo te muestras cruel?

Clemencia   Porque está en mi pecho fiel
quien ha de regir mi vida.

Juan   Pues, ¿cuándo viste a tu esposo?

Clemencia   ¿No basta verle mi padre
para que al alma le cuadre?

Juan   ¿Siendo ausente es tan dichoso?

Clemencia

¿No has visto en los pardos velos
la noche con [viles] trajes,
desvaneciendo celajes
y tiranizando cielos,
    que con poder absoluto
pregona tinieblas viles
y por los aires sutiles
cuelga doseles de luto?
    Y cuando bañada en risa
mueve su carro al oriente
el alba y del Sol ausente,
¿nuevos castigos te avisa
    por no afrentarte con ellos?
La noche entre mudas nieblas
va recogiendo tinieblas
y marañando cabellos.
    Ansí a tantos resplandores
del Sol, que mi esposo nombras,
se desvanecen las sombras
de los demás pretensores.

Juan

¿Qué luz ni qué resplandor
puede tener el que esperas?
Hombre es de costumbres fieras
el que aguardas.

Clemencia

                Ya es furor
    de los celos quien te obliga;
ofenderle es alaballe.

Juan

Es un bruto en rostro y talle.

Clemencia

¿Y qué más?

Juan	Más hay que diga.
Clemencia	¿Cómo puede ser, don Juan, si yo tengo su retrato y de su amoroso trato bastantes nuevas me dan?
Juan	¿No dices que es éste un hijo de Álvaro Ramírez?
Clemencia	Sí.
Juan	Pues yo en la cárcel le vi de Madrid.
Clemencia	Menos me aflijo de tu inventada quimera.
Juan	¡Vive Dios!, que estuvo preso, y el decir que por travieso es porque honrarle quisiera. Y los insultos que ha hecho han merecido la muerte mejor que venir a verte y regalarse en tu pecho.
Clemencia	Si fuera como le pintas, antes de verme en sus brazos, muriera hecha pedazos de un tigre manchado a pintas. De la más alta montaña me despeñara furiosa porque quedara envidiosa

Roma de tan bruta hazaña.

Juan
Como en extremo eres bella,
buscas extremos, señora.
¿No es mejor que quien adora
tu luz, abrasado en ella,
te merezca sin que el tigre
goce tan bellos despojos,
ni que por causarme enojos
tu hermosa vida peligre?
Aunque según me aborreces,
tirana de tus favores,
vendrás a juzgar menores
los peligros que encareces.

Clemencia
Si Fernando no me agrada,
más vale, tu fe admitida,
preciarme de agradecida
que llorar por mal casada.
Tuya seré; y esto es cierto,
si es, como dices, mi esposo.

Juan
Seré el hombre más dichoso
que vio en los naufragios puerto.
Condéname a eterno olvido
si no te he dicho verdad.

(Sale Clara, criada.)

Clara
Escucha una novedad
cuando tu esposo ha venido.

Clemencia
¿Qué dices?

Clara	Que aquí está un hombre que es hijo...
Clemencia	¿De quién?
Clara	¿Mal hice? ...de Álvaro Ramírez dice. ¡Pero es razón que me asombre su talle y rostro feroz!
Clemencia	¡Cielos, si es éste mi esposo!
Juan	Ya no seré mentiroso en todo.
Clara	Hasta en la voz me ha parecido terrible. No viene con el retrato de Fernando.
Clemencia (Aparte.)	(Cielo ingrato, ¿qué no esperado imposible me ofreces para matar mi bien nacida esperanza? ¡Amor, ya te doy venganza!)
Clara	Mira, que te quiere hablar.
Clemencia	Pues di que entre. Aguarda, espera. Dile que mi padre... ¡Ay, triste, que malas nuevas me diste! Que no te hallara quisiera, don Juan.

Juan   Yo me iré.

Clemencia   Ya es tarde.

(Salen Pedro y Trigueros de camino.)

Pedro   Señora, la cortesía
                         vana en nosotros sería.

Trigueros   Dios tu entendimiento guarde.

Clemencia   Cubríos, señor, y seáis
                         a esta casa bienvenido.

Pedro   Sí, pues tan dichoso he sido.

Clemencia   Corazón, ¿a qué aguardáis
                            que no reventáis de pena?)

Pedro   Mi padre, por estimarme
                         en tanto, ha querido honrarme
                         en vuestra casa.

Clemencia (Aparte.)   (¿Qué ordena
                         el cielo con tal rigor
                         contra mi corta ventura?)
                         Toda esta casa procura
                         serviros como a señor.

Pedro   ¿Dónde vuestro padre está?

Clemencia   Está fuera de Valencia.

Pedro   Mucho he de sentir su ausencia.

Clemencia	Mañana, señor, vendrá.
Pedro (Aparte.)	¿Quién es este caballero? (¡No vi más bella mujer!)
Juan (Aparte.)	Quien os llega ya a ofrecer, (por el interés que espero), hacienda y vida. Yo soy deudo de doña Clemencia. Resido agora en Valencia porque en cierto pleito estoy. Tengo casa en Barcelona, padres y hacienda, y aquí, para que os sirváis de mí, valor que mi pecho abona. Y creed, si vez alguna la Fortuna se envidió, que agora Ocasión me dio de envidiar vuestra fortuna. Gocéis vuestra bella esposa mil siglos.
Pedro (Aparte.)	(¡Válgame Dios!)
Juan	Y quede viendo a los dos la envidia más vergonzosa.
Clemencia	Por mi parte os agradezco la lisonja. Don Fernando os responda.
Pedro (Aparte.)	(¿Estoy soñando? A un imposible me ofrezco.)

33

Trigueros, ¿si me han tenido
por mi hermano?

Trigueros   ¿No lo has visto?

Pedro (Aparte.)   (Pues su belleza conquisto
con solo el nombre fingido,
   no el amor; que aunque ésta fue
la primera vez que la vi,
los sentidos le rendí,
el corazón la humillé;
   que algunas bellezas son
en el herir y abrasar
rayos que matan sin dar
lugar a la prevención.)
   Ya soy don Fernando, amigo,
y no don Pedro.

Trigueros   Pues, guía.

Pedro   De mi poca cortesía
que me perdonéis os digo;
   que me pudo divertir
un pensamiento.

Juan   Señor,
no admite tanto rigor
quien os procura servir;
   que aunque no me conocéis,
con vuestro padre os he visto
en Madrid.

Pedro (Aparte.)   (¡Qué mal resisto
mi fuego!) Razón tenéis.

Trigueros	Estrecha conversación para deudos me parece la suya.
Pedro	Que bien merece tu entendimiento opinión. Luz has dado a mi deseo; mas, ¿cómo podré avanzar si se quieren?
Trigueros	Pasear la calle.
Clemencia	Cumplirse veo tu pretensión y si es dicha de tu favorable estrella, síguela, si no es que en ella labra el cielo mi desdicha. Tuya soy.
Juan	Pues, ¿de qué suerte mi intento he de conseguir?
Clemencia	Luego te podré advertir el modo.
Trigueros	Aquesto te advierte la experiencia de un lacayo acuchillado de amor.
Pedro	Basta solo tu favor.
Trigueros	¡Soy un trueno; soy un rayo!

        Voyme a poner de pelea
y a ser tenedor de esquinas
esta noche.

(Vase.)

Pedro (Aparte.)   (Si divinas
prendas el alma desea,
    ¿dónde las puedo buscar
más bien que en mujer tan bella?
Todo respeto atropella
una alma que sabe amar.
    ¡Vive Dios!, que ha de ser mía
si el mundo estorba mi intento!)
Que tanto se tarde siento,
mi señor; que pasa el día
    y me siento algo cansado
del camino.

Clemencia   En vuestra casa
estáis.

Juan (Aparte.)   (El alma me abrasa.)

Pedro   No es razón que os cause enfado
    quien sin avisaros viene.
Esta noche pasaré
en la posada.

Clemencia   Estaré
con cuidado.

Pedro   Esto conviene,
    señora. Por la mañana

vendré a ver a mi señor
y agradeceré el amor
que os debo.

Clemencia (Aparte.)   (Si tanto gana
con el suegro, bien pudiera
quedarse allá.)

Pedro   Guárdeos Dios.

Clemencia   Y también Él guarde a vos.

Pedro   Saber, señora, quisiera
despertar el alba fría
fuera del curso ordinario.

Clemencia   Aguardiente y letuario
le quitan el sueño al día.

Pedro   Vos, señor, ¿qué me mandáis?

Juan   Que me deis quiero pediros
licencia para serviros.

Pedro   Bien acompañado estáis.
No habéis de pasar de aquí.

Juan   Por no parecer grosero,
me quedo.

Pedro   Saberlo espero
si vive valor en mí.

(Vase.)

Clemencia	Salte allá fuera, don Juan.
	A las manos te ha venido
	la Ocasión. Hoy me han vendido
	por un marido galán
	un hombre a mis ojos fiero.
	Tuya desde aquí he de ser;
	que una resuelta mujer
	vence montañas de acero.
	¿Qué determinas?
Juan	Sacarte
	de tu casa.
Clemencia	¿Cuándo?
Juan	Agora.
Clemencia	Aguardemos tiempo y hora
	conveniente.
Juan	He de agradarte
	en cuanto mandarme quieras.
Clemencia	Ven a las diez.
Juan	Contaré
	los minutos.
Clemencia	Yo estaré
	previniendo alas ligeras
	al tiempo, que más me agrada
	ir, pues mi agravio me alienta,
	peregrinando contenta

que aborreciendo casada.

(Sale Trigueros, de noche.)

Trigueros   Luego pasará un mosquito
sin registrarlo, aunque aquí
hallando bodega en mí,
en vano el paso le quito.
    Bien pudiera mi señor
avisármelo primero
si de tanto aventurero
he de ser mantenedor;
    que van pasando embozados
y me han dado qué pensar
si vienen a tornear.

[Sale Pedro.]

Pedro   ¡A mucho obligáis, cuidados!

Trigueros   ¿Quién es?

Pedro   Un hombre.

Trigueros   Y lo diga
siempre que hallare ocasión;
que como hay muchos que son
jumentos, el nombre obliga.

Pedro   ¿Es Trigueros?

Trigueros   ¿No lo ves?
En la soledad que tengo,
como un espárrago vengo.

Pedro	¿Qué ha habido?
Trigueros	Pasaron tres; metí mano. Miento. No... ellos metieron primero; largué, pues.
Pedro	¿Eres ligero?
Trigueros	Sí, pues nadie me alcanzó.
Pedro	¿Ha llegado a la ventana alguno a hablar?
Trigueros	No, señor.
Pedro	¿Eres hombre de valor?
Trigueros	Es mi sangre galiciana.
Pedro	A la vuelta de la calle he visto un hombre.
Trigueros	Pues muera todo bulto.
Pedro	¡Aguarda, espera!
Trigueros	No hay que esperar sin matalle; que mi cólera es terciana que me da temprano y tarde. Ya pasó. Dile que aguarde la cólera de mañana.

Pedro	¿Y si agora es menester?
Trigueros	Tomaréla adelantada.
Pedro	Tu resolución me agrada. Lo que aguarda he de saber. Espera.

(Vase.)

Trigueros	Dios le perdone. No sabe quien va a buscarlo. Tanto quiero excusarlo. No puedo más.

[Sale don Juan.]

Juan	No corone el Sol las manzanas de oro; porque dilatando plazos, le dé la noche a mis brazos la bella prenda que adoro.
(Clemencia a lo alto.)	Parece que en su ventana, entre marcos de marfil, parece el alba gentil vestida de nieve y grana. ¡Cierta es mi dicha!
Clemencia	El deseo me dice que éste es don Juan.
Trigueros (Aparte.)	(En la ratonera están.)

Juan	¡Vive Dios!, apenas creo las venturas que me ofrece el cielo.
Clemencia	¿Sois vos?
Juan	Yo soy, que al amor envidia, y doy del bien que nadie merece.
Clemencia	Dejad lisonjas que dañan cuando pide ejecuciones el tiempo.
Trigueros (Aparte.)	(Lindas razones escucho si no me engañan los claretes de Valencia que turban a un elefante.)
Clemencia	Mi amor es niño y gigante, y con tirana violencia me persuade a seguiros. En hábito de hombre voy.
Trigueros (Aparte.)	(¡Bueno!)
Juan	Aguardándoos estoy.
Trigueros (Aparte.)	(¡Vos vendréis a arrepentiros!)
Clemencia	Pues ya bajo.
Juan	Y yo os espero con el alma agradecida.

([Vase Clemencia]. Sale Pedro.)

Pedro   ¿Hay algo?

Trigueros   Una olla podrida,
                   pero ha de sobrar carnero.
                     Clemencia [está] disfrazada
                   de hombre, y aquél es don Juan,
                   su pariente y su galán.
                   Luego tentarás la espada,
                     que si te miro con ella
                   sin la vaina, no sabrás
                   lo que resta y me darás
                   mil sustos como a doncella.

Pedro   Prosigue, pues.

Trigueros   Compendioso
                   estaré. Ya baja a abrir.

Pedro   ¿Qué intenta?

Trigueros   Con él se ha de ir.

Pedro   A no estar yo tan celoso
                     y amante...

Trigueros   Señor.

Pedro   ¿Qué quieres?

Trigueros   Estocadita y adiós.
                   (Metiérame entre los dos;

mas es cuestión de mujeres
y yo soy poco curioso.)

[Vase.]

Pedro   Una palabra quisiera
hablaros.

Juan   ¡Fortuna fiera,
de tu poder envidioso
    me quejo! ¿Estorbos me pones
cuando tanta gloria espero?
¿Qué me queréis?

Pedro   Lo que os quiero
os diré en breves razones
    si me seguís.

Juan   Pues ya os sigo.

(Vanse.)

Trigueros   ¡Él llevará su recado!
¡Bueno va! Ya ha comenzado
la danza. Yo soy amigo
    de historiar una pendencia
por el gusto de contarla;
porque llegarme a excusarla
es encargar la conciencia.

(Sale Pedro con la espada desnuda. Sale Clemencia vestida de hombre.)

Pedro   ¡Esto es hecho!

Trigueros	¡Linda mano para adobar aceitunas!
Clemencia	Estrellas, si ha habido algunas con imperio soberano sobre el amor, dadme ayuda porque me deje el temor.
Pedro	La puerta abrieron.
Trigueros	Señor, acudo con lengua muda, que es la susodicha.
Clemencia	Vamos donde la suerte nos guía. A Barcelona sería lo mejor; que en ella estamos seguros de la justicia.
Pedro	Tu gusto he de obedecer.
Trigueros	¡Una estatua me han de hacer de nabos dentro en Galicia!

(Vanse. [Sale] don Juan herido.)

Juan	Ya que tuviste valor para herirme, no acabaras mi vida y ansí templaras la fuerza a mi ardiente amor. ¡Ay, esperanza perdida, tarde os volveré a cobrar!

(Sale don Fernando, de camino.)

Fernando   ¡Si el cielo quiere mostrar
prodigios en mi venida!
   Casi al umbral de la puerta
de mi esposa un hombre escucho
herido. ¡Temiendo lucho
con mi amor!

Juan   ¡Pues, tengo cierta
la muerte, muera también
mi enemigo!

(Acomete a Fernando.)

Fernando   ¡Escucha, advierte,
que otro ha causado tu muerte;
[que yo soy hombre de bien],
   y si me quieres decir
quién pudo ser tu ofensor,
te daré todo el favor
que a un hombre puedas pedir.

Juan   De esta casa procedió
mi muerte.

(Vase.)

Fernando   ¡Válgame el cielo!
Ya no es vano mi recelo.
Con causa el alma temió.
   Verdad las cartas dijeron
de la pretensión que había.
¡Todo va en desdicha mía!

46

[¡Qué verdaderas salieron!]

(Sale un Criado.)

Criado   Ya las luces se perdieron
de esa casa.

Fernando   ¡Desengaños,
mostrad de una vez los daños
que mis sentidos temieron!)
    Hidalgo, por cortesía
me decid, ¿qué ha sucedido
en esta casa?

Criado   Ha perdido
la luz por quien se regía.
    Mi señora, o ya engañada
o resuelta, en este punto...

Fernando   (¡Ya mis desdichas barrunto!)

Criado   ...de un caballero obligada,
    y de la ocasión que ofrece
de su padre un día de ausencia
æque él verá vuelto a Valencia
lo que un descuido mereceæ
    dejó su casa y su honor.
Sospecho que es un don Juan
quien la ha robado. Ya irán
caminando; que el temor,
    que delitos no perdona,
suele al más fuerte seguir.

Fernando   ¿Sabéis dónde puedan ir?

Criado	Sospecho que a Barcelona; que al fin es reino seguro y el don Juan, si es el ladrón, vive en ella.
Fernando	En la ocasión mis venganzas aseguro. ¡Cielos, detenedle os pido y veré con nueva hazaña si es valiente en la campaña como en Valencia atrevido! Ya me alienta la esperanza de ver cobrado mi honor. Noble soy. ¡Denme valor el agravio y la venganza!

([Vase Fernando]. Sale un Corsario moro y sus moros.)

Corsario	Si este bosque nos ampara, no podrá faltarnos presa; que éste es el paso más cierto de Barcelona.
Moro I	No llegan a tierra las galeotas porque si las ven de tierra, será sin fruto la entrada y peligrosa la empresa.
Corsario	¿Sabes quién soy? Pues, ¿qué dices cuando cristianas banderas ganadas por este brazo honran las mezquitas nuestras?

¿Ha habido en Argel cosario
desde que en Corso navegan
africanas galeotas
al fiero cristiano opuestas
que a tu patria vencedora
con tantos despojos vuelva,
de cautivos y pendones,
armas, oro, plata y piedras?
Pues si al valor que conoces
han juntado las estrellas
el dulce amor que me abrasa,
¿qué riesgos hay que lo sean?
Celaura es el Sol que adoro
y a quien mis justas empresas
dirige amor. Quiere el cielo
que nos ofrezca la tierra
alguna presa importante
porque a sus plantas la ofrezca
en vez de amantes lisonjas
y de imposibles promesas.

Moro II   ¿Cómo ha de temer la muerte
quien a tu lado pelea?
Acomete y vencerás.

Corsario   Imito en fortuna a César.
Silencio y cuidado, amigos.

(Vanse. Salen don Pedro y Clemencia al entrarse los moros.)

Clemencia   Señor, matarme pudieras
en tu casa, no en el campo.
Confieso que fue la ofensa
grande, pero no de suerte

que deba morir por ella;
que mientras no soy tu esposa,
no ha de correr por tu cuenta
mi honor, aunque fue mi culpa
digna de mayores penas.

Pedro   Ya sé que fuiste engañada;
pierde ya el temor. Sosiega,
que tu delito perdono.

Clemencia (Aparte.)   (Él me engaña con prudencia
para quitarme la vida
sin riesgo suyo.)

Pedro   La siesta
es calurosa a esta parte.
Sombras ofrece la selva;
siéntate y descansarás
mientras mitiga la fuerza
del Sol.

Clemencia (Aparte.)   (Yo seré escarmiento
de las que dejarse llevan
de sus livianos deseos.)

Pedro (Aparte.)   (Oh, quién gozarla pudiera
sin los nudos que me ponen
el temor y la vergüenza!
Solo estoy; ¿cómo es posible
que un hombre en el campo tema
que nunca a Dios ha temido?
Parece que el bosque engendra,
para amparar su hermosura,
hambriento escuadrón de fieras

y que las hojas y ramas
son, en igual competencia,
soldados que la defienden
y murallas que la cercan.)

Clemencia (Aparte.)   (Mudado tiene el color.
Con el furor se aconseja;
matarme quiere sin duda.)

Pedro (Aparte.)   (Quiero con ruegos vencerla,
aunque si se juzga mía,
¿cómo ha de negar la deuda
de amor?)

Clemencia   ¿Cómo no os sentáis,
señor?

(Siéntase [Pedro].)

Pedro   Rogarte quisiera...

(Sale don Fernando.)

Fernando (Aparte.)   (Aunque su disfraz la encubre,
llevo su imagen impresa.
Cuando la vi en el sarao,
la vez que estuve en Valencia,
encubierto la miré
y agora ofende encubierta
el más generoso amor
que humanos pechos engendran.)
¡Ladrón! ¡Villano! ¿Qué haces?
¿Tan descuidado te asientas
cuando al mismo cielo agravias

y escandalizas la tierra?

Pedro

¡Cielos! ¿Qué es esto que miro?

Fernando

¡Válgame Dios! ¿Con qué nueva
ilusión se engaña el alma?

Clemencia

¡Los cielos conmigo sean!
¿No es éste el original
del que me dieron por prenda
en un retrato? Es sin duda.
Éste es mi esposo y se vengan
sus agravios en mi vida.
¡Qué de temores me cercan
de mi atrevimiento hijos!

Fernando

¡Apenas sabe la lengua
prestar vida a las palabras
por turbada y por suspensa!
¿No eres tú mi hermano?

Pedro

          Sí.
¿Qué quieres? Ésta es Clemencia,
tu esposa. Yo la robé.
Mira si te hallas con fuerzas
para defender tu honor.

Fernando

¿Cuándo faltara nobleza
en mi pecho y me engendrara
un villano de estas tierras?
Tiene la razón que tengo
tan conocida excelencia,
tantas partes de valor,
tanto brío, tanta fuerza,

que cuando en amparo tuyo
vomitaron esas selvas
más hombres en blanco armados,
que verdes troncos sustentan,
y cada peñasco de estos
trocara Naturaleza
imitando a los gigantes
que el cielo en montañas trueca,
este brazo y esta espada,
como Júpiter enflegra,
dieran, fulminando rayos
nuevo escarmiento a la tierra.

Pedro   Ya sabes que son cobardes
los que prefieren la lengua
a las manos.

Fernando   En las mías
verás la muerte que esperas.

Clemencia   ¡Oh, Fernando, esposo mío,
el dueño soy de tu ofensa!
No tiene culpa tu hermano.

(Sale Trigueros.)

Trigueros   ¿Aun no dejarán que duerma
un cristiano? ¡Mal es esto!

Pedro   ¿Es posible que te atrevas
a quien te hará más pedazos
que has dicho palabras necias?

Trigueros   ¡Don Fernando es! ¡Vive Dios!

¿Quién hay que el suceso crea?
¡Si ha venido por ensalmo!

(Salen Corsario y moros.)

Moro I   ¡No se nos vaya la presa!

Moro II   ¡Pues acometamos juntos!

Corsario   ¡Daos a prisión!

Clemencia   ¿Hay más nuevas
                        desdichas hoy?

Pedro   ¡Don Fernando,
                        agora verás si alientas
                        el valor en el peligro!

Fernando   ¡La mía es tu causa mesma!
                        Ya sabes que es imposible
                        vencerme en valor ni en fuerzas,
                        y que ha de cantar la fama
                        con mi valor tu defensa.
                        Pues, porque no diga el mundo
                        que a un hombre solo le deja
                        el alma en viles despojos,
                        ponte a mi lado y sustenta
                        hasta morir el valor
                        que de nuestro padre heredas.

Corsario   ¿A qué aguardáis a rendiros?

Pedro   Solo aguardo la respuesta
                        de un hombre que no os estima

por la poca resistencia
que habéis de hacer a su espada.

Fernando   ¿Tú me animas y aconsejas?

Corsario   ¿Sabes que soy el cosario
de quien estos mares tiemblan
y que un escuadrón armado
te acomete? Pues, ¿qué esperas?

Pedro   Presto lo verás.

(Acuchíllanse.)

Clemencia   Trigueros,
¿qué desventuras son éstas?

Trigueros   Pues, ¿a mí me lo preguntas
cuando es ya fuerza que aprenda
a majar esparto?

Clemencia   ¡Ay, cielos!
¡Ya cayó Fernando en tierra!

Trigueros   ¡Y mi señor defendiendo
al pobre hermano se esfuerza
como un Roldán!

Clemencia   Poco importa,
si tantos moros le cercan.

Trigueros   ¡Huyamos!

Clemencia   Será imposible;

que amor y temor me fuerzan
a que su fortuna aguarde.

(Sácanlos atados y Pedro herido.)

Trigueros (Aparte.)   (Aquí aprovecha una treta.)
Perros cativar también
y a dar venganza a Zulema.
¡Agora pagar el palos
que me dar en vosa tierra!

Corsario   ¿Quién eres?

Trigueros   Ser un morisco
que venir chiquito al teta
de Fatima y ser catebo
[.................. e-a]
en Marrocos.

Corsario   Pues hoy ganas
la libertad que deseas.

Fernando   ¿Qué es lo que intenta este bruto?

Trigueros   Dacar vos el manos, perra,
que agora servirme a mí.

Moro I   Ya los esquifes te esperan.

Corsario   ¡Pues, a la mar!

Clemencia   ¿Estás loco,
Trigueros?

Trigueros	Si eres discreta, ¿cómo no ves lo que importa mi industria y mi diligencia?
Clemencia	¡Hoy mis esperanzas mueren!
Pedro	Padre, bien vengado quedas de tu inobediente hijo.
Moro II	¡Buen robo!
Corsario	¡Gallarda presa!

Fin de la primera jornada

Jornada segunda

([Salen] el Rey, Celaura, Corsario, Pedro, don Fernando, Clemencia y Trigueros.)

Rey   Mucho, capitán, me agradas
con tu relación.

Corsario   Prosigo.

Celaura (Aparte.)   (Al paso que tú me enfadas.)

Corsario   La verdad, señor, te digo.
No hay más valientes espadas
   en África. Pelearon
de suerte que nos dejaron
con envidia. Aunque vencidos,
como dos toros heridos
en nuestro escuadrón entraron;
   mas de la suerte que envía
luz hermosa, ausente el día,
a las estrellas el Sol,
así este bravo español
en valor resplandecía.
   Que aunque su hermano pelea
gallardo, animoso y fiero,
y nombre eterno granjea,
que basta ser caballero
para que valiente sea,
   éste, que furioso advierte
corazón robusto y fuerte,
nos enseñaba arrogante
en cada brazo un gigante
y en cada golpe una muerte.

¿No has visto, trepando cerros,
manchar de espuma las flores
espín coronado a hierros,
derribando cazadores
y desbaratando perros,
   que con el rabioso diente,
mirando a l[a] escuadra enfrente,
con el fuego en que se abrasa,
tronchando venablos pasa
más veloz que rayo ardiente?
   Así el que miras suspenso
fue un rayo en nuestro escuadrón.

Celaura (Aparte.)   (Por eso rendirle pienso
el humilde corazón.)

Corsario   Quedé a su valor inmenso
   obligado, y de manera
que si no lo atribuyera
el mundo a mengua notoria,
le dejara la victoria
y yo su cautivo fuera.
   Di la presa al mar, contento
de mi heroico vencimiento,
porque ya conoce el mar
que si no me ve triunfar
lo ha de pagar su elemento.
   Corrí las costas de España
sin escaparse persona
de cuantos mi astucia engaña
desde el mar de Barcelona
al mar que el estrecho baña.
   Seis meses ha que salí
de Argel, y aunque siempre fui

dichoso en empresas [s]antas,
tú me das con honras tantas
los que jamás merecí.
 Y pues que disponga quieres
ya de la presa mejor
y en el favor me prefieres,
les doy por dueño y señor
a tu hermana.

Celaura (Aparte.)   (¡Nunca esperes
 favor de quien te aborrece!)

Corsario   Señora, humilde os ofrece,
si bien sois del mundo el dueño,
un alma en don tan pequeño
quien ya por la fe os merece;
 que aunque son atrevimientos
æmirando vuestro valor,
hielos de mis pensamientosæ
tiene la fe de mi amor
iguales merecimientos.
 Estos cautivos cristianos
por trofeos soberanos
rindo a vuestras plantas bellas,
si puede quien pisa estrellas
tocar despojos humanos.

Celaura   Generosa cortesía
merece tu ofrecimiento.
Ya corre por cuenta mía
debido agradecimiento.

(Aparte.)   (Parece que amor me envía
 cuando comienza a causar
penas; que me han de acabar

en ocasiones, con hielos.
Gracias les doy a los cielos
que saben mi bien trazar.)
Ya cristiano eres mío.

Pedro   Llamarme puedo dichoso
con tal dueño.

Celaura   Ilustre brío
de español muy valeroso
te pintan.

Pedro   Cuando yo envío
quejas a mi suerte avara,
viendo mi flaqueza clara
y mi cobarde temor,
tú me atribuyes valor.
Si yo en el campo dejara
la vida, volar pudiera
mi fama, pero vencido,
es loco el que fama espera.
Mi valor ha encarecido
quien el suyo honrar quisiera;
pues confesando valor
al vencido, aumenta honor,
siendo en los pasos crueles
su alabanza los laureles
del soberbio vencedor.
Demás que fuera locura
del que ofrecerte quisiera,
siendo lisonja segura,
hombre que en valor no fuera
igual con tu hermosura,
y siendo imposible aquí

que a tanta belleza exceda
mi esfuerzo, atribuye en mí
el que parece que pueda
ser lisonja para ti.

Corsario (Aparte.)   (¡Por los soberanos cielos
que no cause más desvelos
a Roma el soberbio Atila!)

Celaura   Tu espada en la muerte afila
para matarte de celos;
    que mal tu discurso ordena
como el que lleva a cantar
músicos con alma llena
de amor que piensa ganar
gracias con la gracia ajena.

Rey   Considero, capitán,
que más fama te darán
si al gran señor los presentas;
pues al paso que la aumentas,
tus precios creciendo van.
    A Constantinopla es justo
que estos cristianos envíe.

Celaura   ¿Qué ordenas, hermano injusto?

Corsario (Aparte.)   (¡Que así mi intento desvíe
por un lisonjero gusto!)
    ¿Tan tributario has de ser
del gran señor? No ha de haber
presa en Argel de importancia
que la goces.

Rey	La ganancia
	fue del sembrar el coger;
	así pretendo ganar
	la gracia.
Corsario	Y yo pretendía
	la tuya, dando lugar
	a tu gusto el mismo día
	que de él me quise privar;
	que aunque de Marte el furor
	es mi oficio, suele amor
	vencer pechos de diamante.
	Ésta que miras delante
	es mujer; mira el valor
	de mi pecho en su hermosura,
	pues te la ofrezco.
Rey	Tu voz
	fue agora, en la niebla oscura
	del traje, viento veloz
	que mostró su lumbre pura
	como suele el Sol cubierto
	de nubes. El precio cierto
	tienes. No saldrán de Argel.
Corsario (Aparte.)	(Porque mi dueño cruel
	dé a mis esperanzas puerto.)
Rey	Todos cuatro servirán
	a mi hermana.
Trigueros	No entender
	que hacer.

Corsario	Aquí no están más de tres.
Trigueros	Alá hacer vos forte capetán.
Rey	¿Quién es este?
Trigueros	Ser catebo en Espania, e ser ya esclavo de vosancé.
Rey	No es muy nuevo el suceso.
Trigueros (Aparte.)	(¡Está muy bravo este perro!)
Pedro (Aparte.)	(Aún no me atrevo a pensar con qué intención agrava nuestra prisión Trigueros.)
Trigueros	Sonior, ponelde en mazmorra e yo molelde a palos.
Corsario	Como ve ocasión querrá vengarse.
Clemencia (Aparte.)	(¿Hay rigor de Fortuna más cruel?)
Rey	¿Cómo te llamas?

Trigueros	Sonior, Zulema Trigueros.
Rey	De él puede fiarse mejor su guarda.
Corsario	Y es conveniente porque es gente principal y de rescate.
Celaura	No intente la mano más liberal con los tesoros de oriente su rescate, que es en vano.
Rey	Ya son tuyos y en tu mano vive ya su libertad.
Corsario	Solo vuestra voluntad es su dueño soberano, aunque no pueden tardar ya sus frailes redentores.
Trigueros	Sí, porque nos cativar cuando agosto hacer calores e ya en el dezembre estar.

(Disparan.)

Moro I	[Un barco aquí está llegando;] ya se están desembarcando los redentores de España

	y un viejo los acompaña que dos hijos va buscando.
Rey	Pues salvo conducto tiene, licencia es bien que le demos. [Entren pues; que nos conviene.]
Fernando	Pedro, dichosos seremos si es nuestro padre el que viene.
Rey	Cristiano, no tengas pena que el cielo tu dicha ordena en mi casa.
Clemencia	El cielo guarde tu vida.

(Vase.)

Celaura (Aparte.)	(¡No seas cobarde, Amor!)
Corsario (Aparte.)	(Su ley enajena mis sentidos y el temor. Las esperanzas derriba de mi mal premiado amor.)

(Vase.)

Celaura	Ya ves que en mi gusto estriba, cristiano, tu bien mayor. Pues procúrame agradar si pretendes alcanzar la libertad que deseas.

Pedro	El mundo a tus plantas veas.
Trigueros	Yo le saber enseniar aguardar de vosancé el mandamiento, soniora.
Celaura	Tu cuidado premiaré, moro.

(Vase.)

Trigueros	La galga te adora; bien llano su amor se ve.
Pedro	Y tu extraño pensamiento. ¿Quién entenderlo podrá? Sabes, Trigueros, que siento que eres moro.

Trigueros	¡Mentirá
	todo hombre! En mi nacimiento
	  honrarse Pelayo espera.
	Y si aquel apóstol payo
	morisco me conociera,
	me escogiera por lacayo
	cuando a Galicia viniera.
	  Si estoy libre, ¿no daré
	mediata tu libertad?
	Más fácil es, bien se ve
	de tu ingrata voluntad,
	la muestra; pues yo me iré
	  donde no me veas jamás.

Pedro	¡Trigueros, espera, aguarda!
Trigueros	No quiero.
Pedro	Pesado estás. Si te dejaron por guarda nuestra, ¿para qué te vas?
Trigueros	¿Qué quieres?
Pedro	Me va la vida en que eches de aquí a mi hermano.
Trigueros	¿El amor no se te olvida siendo esclavo?
Pedro	Es un tirano y tiene el alma rendida. Cuando esté el cuerpo en prisión, quiero gozar la ocasión de templar su enojo y furia, porque atribuye esta injuria a mi amorosa pasión.
Trigueros	Déjame el cuidado a mí. ¡Perro, camenar comego!
Fernando	Trigueros, ¿estás en ti?
Clemencia	¡A verte sin seso llego!
Pedro (Aparte.)	(Dichoso en mis males fui.)
Trigueros	E vos, esperalde un poco.

¡Andar crestiano!

Fernando   ¿Estás loco?

Trigueros   Saber Mahomá que hacer.
                   No gastar tempo. Vener
                   al mazmorra.

Fernando   ¡Agravios toco
                   fuera del límite humano!

Clemencia   ¿Dónde le llevas, Trigueros?

Trigueros   A la calaboso.

Pedro   Hermano,
                   culpa es de los hados fieros
                   darle venganza a un tirano.

Fernando   La culpa tú la has tenido
                   del mal que hemos padecido.
                   Pues por robarme a mi esposa,
                   somos esclavos.

(Llévalo.)

Pedro   Dichosa
                   mi extraña fortuna ha sido;
                      pues piadosa y liberal
                   me ha dado el consuelo igual
                   a tu furioso desdén,
                   porque resplandezca el bien
                   entre las sombras del mal.
                      Clemencia, a gloria atribuyo

la prisión de un alma fiel;
pues ni la dejo ni huyo;
que aunque me ves en Argel,
solo soy esclavo tuyo.
    Viva el moro satisfecho
del robo y presa que ha hecho;
que no hay para darme enojos
más cosarios que tus ojos,
ni más Argel que tu pecho.

Clemencia   Cuando llegaba a entender
que el peligro y el rigor
aquí te habían de volver
la vergüenza y el temor
que allá pudiste perder,
    te olvidas tanto de ti
que resucitas así
huesos en montes de hielo;
mas quien olvida a los cielos,
jamás se acuerda de sí.
    En vano ruegas, villano,
cuando yo a tu hermano adoro.
¿Quieres, lascivo y tirano,
que el cuerpo en poder de un moro
dé el alma a un moro cristiano?
    Que, porque el mundo se asombre
no te queda más del nombre,
y aun no sé si el nombre quieres,
pues las obras dicen que eres
fiera transformada en hombre.

Pedro   Mal pudiera, siendo fiera,
rendirte el pecho jamás.
Bellísimo dueño, espera.

Vuélveme el alma y podrás
escaparte más ligera;
  que si por blasones tienes
huir, a engañarte vienes
por más que las plantas muevas.
Pues, va el alma que me llevas
pesada con tus desdenes.
  Mira que estoy tan perdido
que daré con locas voces
como eres hombre fingido.

Clemencia   Poco mi valor conoces
y poco tu agravio ha sido.
  Mi muerte, ¿qué ha de importarte?
¿Y del dolor fueses parte?
Más quiero y debo elegir,
por no agradarte, morir
que vivir para escucharte.
  Demás que cuando se entienda
que soy mujer, ¿qué delito
será, ya que [a mí] me ofenda
el rey cuando no hay escrito
crimen que en vano defienda?

Pedro   Amenazas son de amor.
Templa, señora, el rigor;
pues, vencedora, me ves
rendido y muerto a tus pies.

([Sale] el Rey.)

Rey (Aparte.)   (Celos engendra el amor.
  No es vano mi pensamiento.
¡Vio el alma lo que temía!)

Clemencia	Voces das sin fruto al viento.
Pedro	Rigurosa estás.
Clemencia	¡Desvía!
Rey (Aparte.)	(De justo enojo reviento.) ¿Qué haces, cristiano?
Pedro (Aparte.)	(¡Ah, tirano! Amor mis desdichas lloro.) Rogábale, y es en vano, que no se volviese moro.
Clemencia	Que deje de ser cristiano pienso que me persuadía.
Rey	Dejará tu compañía, si es que te llega a enfadar.
Clemencia	Eso le puedes mandar.
Pedro (Aparte.)	(¡Murió la esperanza mía!)
Rey	Cristiano, desde hoy advierte que si hablar con él te veo, lo has de pagar con la muerte.
Pedro	Obedecerte deseo, pues gano en obedecerte.
Rey	No andes más donde él esté.

Clemencia (Aparte.)   (¡Dichosa en mis males soy!)

Rey   ¡Anda, vete!

Pedro   Ya me iré.

Rey   ¿Cómo no te vas?

Pedro   Ya voy.
(Aparte.)   (Pero sin alma. No sé...
                        Sospecho que el rey entiende
                      que es mujer. Amor se enciende
                      en atrevidos antojos.
                      ¡Mataréle si a mis ojos
                      la regala y la pretende!)

Rey   ¿No te has ido?

Pedro   Quiero hablarle,
                      señor, para preguntarle
                      por su nombre y su lugar.

Rey   ¿Para qué?

Pedro   Para avisar
                      que vengan a rescatarle.

Rey   No te canses, que de Argel
                      no ha de librarse jamás.

Pedro   Si eres bárbaro, cruel
                      y cobarde.)

Rey   ¿No te vas?

74

Pedro (Aparte.)   Ya me voy. (¡Qué advierta en él
                   mis amorosos cuidados
                   y que los goce permito!
                   ¡Celos matadme vengados!)

(Vase.)

Rey   Pues este enfado te quito,
                   no culparás mis enfados.
                      Nunca hay prodigio encubierto,
                   si tiempo y fama advierto,
                   y como el de tu belleza
                   excede a Naturaleza,
                   la fama lo ha descubierto.
                      ¡Bella imagen soberana
                   del Sol, un alma te adora!

Clemencia   Eso me dirás mañana
                   más despacio.

Rey   Pues agora,
                   ¿por qué no?

Clemencia   Viene tu hermana.

(Vanse [Clemencia y el Rey. Salen don Álvaro], padre y don Fernando.)

Álvaro   Vuélveme a abrazar, Fernando,
                   ya que verte he merecido.
                   Mientras de mi cuello asido
                   resisto al dolor llorando.
                      No hay contento que me cuadre
                   sin ti; que un hijo en rigor,

75

si es bueno, es merecedor
de todo el amor de un padre.
     Apenas supe el suceso
de tu desdicha y la mía
cuando hirvió la sangre fría
con un amoroso exceso.
     De Valencia me avisaron
y si mis penas crecieron,
bríos pasados volvieron
y mi vejez alentaron.
     Di el rescate y como en él
puede mi bien prevenir,
por salirte a recibir
y no he parado hasta Argel.
     A los frailes que han venido
a redimir acompaño,
y el pecho en lágrimas baño
de tu amor enternecido.
     Pues de tu hermano...

Fernando   A mi afrenta,
silencio y vergüenza debo
por no afrentarte de nuevo
con las maldades que intenta.
     Le dio materia al dolor
que padeces. Aun los labios
temen contar mis agravios;
pues el agravio mayor,
     que como el dolor se mengua,
le refiere la memoria
la más afrentosa historia
que cabe en pluma ni lengua,
     y mi desdicha presente,
antiguas memorias priva,

falta pluma que la escriba,
pues no hay lengua que la cuente,
y así vas considerando
que va mi afrenta creciendo,
pues la padecí sufriendo
y la he de sufrir callando.

Álvaro   Fernando, engañado estás.
Eso será si la afrenta
quien la padece la cuenta
a quien la excusa no más;
que como no le enternece
fuerza de sangre y amor,
se vuelve entero el dolor
al mismo que la padece;
pero a mí no estés dudando,
cuando amor me está alentando,
que la vaya padeciendo
como la fueres contando.

Fernando   Pedro, al fin con alma fiera,
entró en casa de mi esposa
y con industria engañosa
una noche...

Álvaro   ¡Aguarda, espera!
No lo acabes de decir
si no me quieres matar;
que no lo podré escuchar
sin ayudarme a sentir.
Pero, prosigue, pues ves,
sin que mi dolor se ablande,
que el de la duda es tan grande
como el de saber lo que es.

Fernando	Robó mi esposa y seguí
	sus pasos con tanto engaño
	que hice autor de mi daño
	a quien jamás conocí,
	porque de un hermano dudo
	que tal se pueda esperar.
	Llegué al mar y templó el mar
	fuego que el temor no pudo.
	Salió de emboscada un moro
	con un escuadrón cruel
	y presos nos trujo a Argel
	donde mis desdichas lloro.
Álvaro	¡Válgame el cielo! ¡Ah, tirano!
	¡Plega a Dios...!
Fernando	No le maldigas,
	señor.
Álvaro	Con eso me obligas
	a que aborrezco a tu hermano;
	pues viendo el piadoso amor
	que tienes a quien te ofende,
	mi pecho helado se enciende
	en un ardiente furor.
Fernando	Pues mal podré agradecer
	la voluntad que me tienes
	si tú a confesarme vienes
	que la vengo a merecer;
	que ésta de derecho es mía,
	que no la puedes negar.
	La que me puedes quitar

es la que por él pedía;
que como fiero y cruel,
no sabe obligarte a ti,
aunque la quites de mí,
pido tu amor para él.

Álvaro   A Dios imitando vas
y yo tus pasos imito,
pues busco amor infinito
por poder quererte más.
    Abre mi pecho, pues quieres
darlo con pródiga mano,
y reparte con tu hermano
todo el amor que quisieres.

(Salga Pedro.)

Fernando   Él viene aquí. Hermano mío,
mira si debes amor
a quien olvida el rigor
del mar en invierno frío
    y animando su vejez
cuando más riesgos previene,
hoy a rescatarnos viene.

Pedro   ¿Eres de su pecho juez?
    ¿Cómo sabes que ha venido
por mí? Si solo estuviera,
yo sé que jamás viniera.
    Tú, Fernando, le has traído.

Fernando   ¿Su amor le pagas ansí?

Pedro   Quien de su casa me echó,

¿quieres tú que entienda yo
que ha venido a Argel por mí?

Álvaro   ¿Con ese agradecimiento
me recibes?

Pedro   ¡Vive Dios,
que quiere obligar a dos
trayendo solo un intento?
  No te agradezco el cuidado,
pues sé que a ofenderme vienes,
porque el amor que le tienes,
conmigo lo has disfrazado.

Álvaro   Dudaré la salvación
de un hombre a quien Dios envía
más trabajos, y él porfía
en su misma obstinación.
  Ingrato a Dios quien desvela
de la verdad su juicio;
pues al mismo beneficio
le das nombre de cautela.
  Si con ser malo, te igualo
al bueno y por ti daré
la sangre, ¿te dejaré
adonde puedas ser malo?
  Cuando a tus ojos parezco
que en ti ejecuto crueldades,
aborrezco tus maldades
y a ti jamás te aborrezco.
  Mas como te siento aquí
tan preso y asido a ellas,
cuando llego a aborrecellas,
piensas que te busco a ti.

Pedro	Con eso me indignas más. Rescátame si quisieres, pues tanto por mí te mueres que hasta la sangre me das.
Fernando	Ya viene el rey. De su hermana somos esclavos, señor.
Pedro	Por eso será mayor el rescate.
Fernando	¿Tan tirana ha de ser una mujer .... [-er]; que no la obligue tu llanto?
Álvaro	¿Y tu esposa?
Fernando	Esclava es de la infanta.
Álvaro	El interés recelo que baste a tanto; que de los dos solamente me avisaron la prisión.
Fernando	El rey tendrá compasión de tus años.
Pedro	¡Qué imprudente estás como has encubierto

que ha venido disfrazada
Clemencia!

Fernando   Ha sido acertada
tu advertencia.

Alberto   Ya estoy cierto
   de lo que importa pedir.

([Salen] el Rey, la infanta [Celaura]. y el Corsario.)

Rey (Aparte.)   (No pintan a la mañana
más bella que a esta cristiana.)

Celaura (Aparte.)   (Hoy le pienso descubrir
   mi amoroso pensamiento.)

Álvaro   Señor, a tus plantas llega
quien golfos de amor navega
siendo suspiros el viento.
   Estos esclavos que ves,
dichosos porque han venido
a tu casa, me han traído
humilde a besar tu pies.
   Son mis hijos, y también
tienes un sobrino mío.

Rey   Alza.

Álvaro   En tu clemencia fío
que has de despacharme bien.

Rey   Por el muchacho que pides
me hablaron ya y le ofrecí.

Álvaro	¿Qué tan venturoso fui?
Rey	Yo haré que presto le olvides. Vuestros frailes tratan ya su rescate. Por su cuenta corre.
Celaura (Aparte.)	(Mi hermano, ¿qué intenta?) Con ellos el mozo irá.
Rey	Tú puedes llevar tus hijos sin que en rescate repares.
Álvaro	Ya son más que mis pesares mis glorias y regocijos. Constantinopla jamás goce tributo de Argel.
Celaura	No te he visto tan cruel. ¿Tan falso conmigo estás? Si estos esclavos son míos, ¿cómo quieres rescatarlos?

Rey	Porque quisiera abrasarlos
	por celosos desvaríos.
	  Mátame el uno de celos,
	y por no verle le diera
	mi corona. Considera
	que están pidiendo a los cielos
	  piedad las lágrimas tiernas
	de este viejo, y es razón
	consolarle.

Celaura
                              ¿Y la opinión,
                    por quien el reino gobiernas,
                       de Lidoro, que a tus puertos
                    arroja leños cristianos
                    más que Libia tiene granos
                    de arena al Sol descubiertos?
                       ¿Es justo ofenderle así,
                    menospreciando el despojo
                    que me ofrece? No me enojo
                    sin causa.

Corsario (Aparte.)
                              (Mis glorias vi,
                       entre esperanzas difuntas,
                    renacer con alma nueva.
                    ¡Ésta es de su amor la prueba!)

Rey
                    Aunque tu ofensa barruntas,
                       no has de pensar que fue intento
                    de enojarte; pero advierte
                    que ha sido inviolable y fuerte
                    la palabra que sustento.
                       Mandéles y he de cumplir
                    mi palabra.

Celaura
                              No es empeño
                    de la palabra si el dueño
                    no se la deja cumplir.
                       Mis esclavos son. ¡No puedes
                    disponer de ellos!

Álvaro
                                     Señora,
                    de ti esperamos agora
                    más soberanas mercedes.
                       No me permitas que vuelva

sin mis hijos.

Rey   Ya es crueldad
la tuya.

Celaura   Y será amistad
en que agora me resuelva
  a dar el uno.

Rey   Tu gusto
estimo.

Celaura   Su padre vea
cuál ha de ser.

Álvaro   Que no sea
un decreto tan injusto,
  ruego al cielo.

Rey   Esto ha de ser;
uno solo has de llevar.

Álvaro   ¿Con quién me he de aconsejar
para animarme a escoger?
  Vaya libre el que me quitas
y yo quedaré por él.

Rey   Yo vendré a ser más cruel.

Celaura (Aparte.)   (Quiera el cielo que no admitas
  a quien al alma rendí.)

Rey   Si no permiten los cielos
que elija al que me da celos,

sentirá mi furia en [sí].

Corsario   Estimo en mucho el intento
              con que el esclavo detienes.

Celaura   Pues me has entendido, tienes
              muy gallardo entendimiento.
(Aparte.)   (Si a Pedro escoge, he de hacer
              de modo que no lo lleve;
              porque a imposibles se atreve
              el amor en la mujer.)

(Vanse [el Rey. Celaura y el Corsario]. Quedan solos padre e hijos.)

Álvaro   ¡Paso estrecho, rigurosa
              sentencia!

Pedro   ¿Qué determinas?
              ¿A cuál de los dos te inclinas?

Álvaro   Será la elección forzosa.

Pedro   De tu clemencia piadosa
              no ha mucho que blasonabas.
              Tú dijiste que me amabas;
              pues si al vivir me prefieres,
              veré agora si me quieres
              o si entonces me engañabas.

Álvaro   Espera, Pedro, un momento.
              Tomaré resolución
              en la más fuerte ocasión
              que cabe en entendimiento.
              Asidas al alma siento]

dos partes y la mejor
pide a voces más favor;
mas al dársela atrevido,
hallo como la otra olvido,
que es invencible dolor.
   Mas si por fuerza ha de ser,
quisiera al cielo pedir
que me dejase morir
acabando de escoger.
Pero si me ha de vencer
un dolor tan excesivo,
presto mi muerte apercibo
y a mí me estaría mejor
porque no pueda el amor
culparme si me halla vivo.
   éste es mi espejo, y aquél
el hijo y si aquí le dejo,
cuando me mire en mi espejo
miraré un padre cruel.
Si dejo el bueno por él,
no será consejo cuerdo,
pues de su virtud me acuerdo
y que he de perder es llano
el contento del que sano
con el dolor del que pierdo.
   Mas si la virtud merece
premios aun del mismo Dios,
¿no he de escoger de los dos
al que en virtud resplandece?
Pero si el otro carece
de la luz que viene a dar
el Sol que le ha de juzgar
las culpas que cometió.
¿es bien que le deje yo

donde acabe de cegar?

Fernando   Padre, tan suspenso estás
que viven dudas en ti.
Déjame escoger a mí
y de las dudas saldrás.
Mi hermano merece más
y que le libres te pido,
que él podrá culpar tu olvido
y a mí me basta por gloria
las veces que en tu memoria
me has llamado el escogido.

Álvaro   ¡Vive Dios!, que tú has de ser
el escogido y llamado,
que tu humildad me ha quitado
las dudas del escoger.
Si es que un hijo he de perder
en pena y congoja tanta,
hoy con lágrimas te canta
por el mejor de los dos
un padre que imita a Dios,
pues los humildes levanta.

Pedro   ¿Qué dices?

Álvaro   Que me perdones,
hijo, te vengo a rogar,
si merecen alcanzar
mis lágrimas tus perdones.

Pedro   ¡En ocasiones me pones
que te han de costar bien caras!
Tú vieras, si me llevaras

y tan ciego no estuvieras,
el provecho que me hicieras
y el daño que me estorbaras.
   Al fin me quedo en Argel
por ti.

Álvaro   Fernando, ¿qué haré?
Pero no porque seré
más que piadoso cruel.
Tú librado, piérdase él.
¡Qué no se pierde por mí!
Piadoso mientras cogí
y si al dar la cuenta mía
Dios me le decide algún día,
te pondré delante a ti.

([Salen] el Rey, Celaura y Corsario.)

Rey   ¿Estás ya determinado?

Álvaro   Sí, señor.

Pedro   Mira primero
lo que haces.

Celaura (Aparte.)   (Hoy espero
pena o gloria en mi cuidado.)

Álvaro   Éste es el que ha granjeado
mi voluntad.

Celaura (Aparte.)   (¡Venció Amor!)

Rey   ¿No fuera el otro mejor?

Álvaro	Éste es a quien yo me inclino.
Rey	Pues, dártele determino.
Álvaro	Beso tus plantas, señor.
Celaura	Manda que se partan luego y estimarán la amistad.
Rey	A quien doy la libertad, ¿cuándo la partida niego?
Álvaro	De lástima no me llego a tus brazos.
Pedro	¡Qué me dejas cautivo!
Álvaro	Sordas orejas entre mi piadoso llanto, tente cual sierpe al encanto, para no escuchar tus quejas. Vamos Fernando. ¡Ay de mí!
Pedro	Escucha antes que te vayas, pues en crueldades te ensayas, ya ves que el riesgo advertí que tiene el dejarme aquí. Pero a bárbaro te igualo, pues cuando el riesgo señalo del alma que ya condeno, tienes lástima del bueno dejando perder al malo.

        Malo soy en tu opinión;
mas no has llegado a creer
que tanto lo puedo ser
como me das la ocasión.
Tú ordenas mi perdición.
Sin fruto, padre conquisto
tu pecho, pues ya que he visto
que vives de amor tan ciego
de mi hermano, yo reniego.
¡Moro soy, y pierdo a Cristo!

Álvaro   ¡Jesús me valga!

Pedro   Echó el sello
mi postrera voluntad.
¡Moro desde hoy me llamad!

Rey   Mis brazos daré a tu cuello.
Hoy mi disgusto atropello,
valiente caudillo mío.

Celaura (Aparte.)   (Ya es dueño de mi albedrío.
¡Bien me supo granjear!)

Álvaro   ¡Moros, dejadme llegar!

Pedro   De tus lágrimas me río.

Álvaro   ¡Un tigre soy enojado!
¡Dejad que me satisfaga
en su vida y que deshaga
el mismo ser que le he dado!
Su enemigo declarado
soy. El traidor se engañó

cuando padre me llamó.
Que pues con lengua infernal
niega al Padre Universal,
bien puedo negarle yo.

Corsario   ¡Aparta, caduco viejo!

Álvaro   Oye, Pedro...

Pedro   ¿Ya me ruegas?
                    ¡Vete, loco!

Álvaro   ¿A Cristo niegas,
                    Pedro?

Pedro   ¡Qué gentil consejo!
                    ¡Y a qué tiempo! Pues te dejo
                    por loco y por imprudente.

Rey   Serás de mi reino y gente
                    estimado y preferido.

Celaura (Aparte.)   (Y de una infanta querido,
                    por gallardo y por valiente.)

(Vanse [el Rey, Pedro, Celaura, y Corsario].)

Álvaro   Fernando.

Fernando   ¿Padre y señor?

Álvaro   Bien consolados iremos,
                    siendo iguales los extremos
                    del espanto y del dolor.

Pero mi culpable error,
que en la experiencia condeno,
me dice de penas lleno
que si hay riesgo de perderse,
debe el malo recogerse
antes que premiarse el bueno.
    Déme Dios dolor eterno
por descanso y por regalo,
pues que soy árbol tan malo
que fruto doy al infierno.
Déme Dios un llanto tierno
en vez de humana alegría.
¿Hay desdicha cual la mía?
Sí, Adán fue mejor que yo
y lo mismo sucedió
en los hijos que tenía.

Fernando   ¡Nunca en tu amor paternal
me hubieras tú preferido!
¡Fuera yo el aborrecido
y en cautiverio inmortal
llorara mi eterno mal!
No sentiríamos en vano
que llore un padre cristiano
un hijo moro, y que yo,
a un hombre que a Dios negó,
pueda decir que es mi hermano.

(Salga Clemencia.)

Clemencia   Padre, que este nombre debo
al amor que me has tenido,
que a ver mi muerte has venido
por un suceso tan nuevo,

y tú, cuyo amor apruebo,
por constante y generoso,
¿Cómo en riesgo tan forzoso
me queréis los dos dejar,
permitiéndome quejar
de amor de padre y de esposo?
   Siempre amor se ha conocido,
y es bien que el discurso os cuadre,
en los afectos del padre
y en finezas de un marido.
Que no me dejéis os pido
en poder de un hombre infiel;
que es la crueldad el pincel
con que el bruto pecho esmalta,
y hombre a quien piedad le falta,
mal podré yo hallarla en él.

Fernando
   Padre y señor, justamente
merece favor y amparo.

Álvaro
¿No ves el peligro claro?

Fernando
Miro su riesgo presente.
No cubran su hermoso oriente
nubes de medrosos hielos.

Clemencia
Daré quejas a los cielos
de que en riesgos de mi honor
faltó padre sin amor
y hallo marido sin celos.

Fernando
   Donde el honor se aventura
es bien arriesgar la vida.
Hoy se ha de ver defendida

en mi piedad su hermosura.
Clemencia, en la noche oscura
tus esperanzas libramos.

Álvaro   Peligros multiplicamos,
                hijos.

Fernando   ¿Hay más de morir?

Álvaro   Sí, pues nos han de seguir

Fernando   Vamos, padre.

Clemencia   Esposo, vamos.

(Vanse todos.)

                Fin de la Jornada segunda

Jornada tercera

(Adentro suena un clarín y diga Pedro.)

Pedro ¡Vuelva, canalla! ¡Que vuela
entre las espumas blancas
el enemigo bajel!

(Tocan otra vez y parece un esquife con Álvaro, Fernando y Clemencia.)

Fernando Ya nos viene dando caza
el Cosario que nos sigue.
Ya con fieras amenazas
cobra soberbio dominio
sobre el imperio del agua.
Padre, ¿qué habemos de hacer?

Álvaro Si les pides a mis canas
consejo, que no rindamos
será el de más importancia.

Fernando Fue, si te pedí consejo,
porque con él me animaras;
que alientan dos pareceres
la más cobarde esperanza.
¿Qué esperamos de rendirnos
sino mayores infamias
cuando es hermoso el morir
entre las sangrientas armas?
Si yo esperara victorias,
¿temiera ajenas ventajas?
Mas para que honrado muera,
es menester que las haya.
La suerte echó la Fortuna;

amor y honor son las causas
para que el mar nos sepulte
en monumentos de plata.
Clemencia, el tálamo ilustre,
asido a tus esperanzas,
se trueca en túmulos negros
sobre estas humildes tablas.
¡Llegue el bárbaro de Libia!
¡Deja el remo! ¡Amaina, amaina!
Que suele dar el que espera,
temor al que le amenaza.
¡No temáis, padre y esposa,
que yo solo en la batalla
seré el imán de sus flechas
y la esfera de sus balas!

Clemencia   ¡Mira, señor, que se acercan
y al fiero son de las cajas
burlan tu inútil valor!
Considera que te engañan
laureles de fama incierta
y que jamás los alcanza
quien desesperado muere
porque del vivir se agravia.
Valiente es el que resiste
atropelladas desgracias,
y por cobarde se cuenta
quien muere por excusarlas.
Y ya que dar determinas
por testigos a las aguas
de tu muerte, basten ellas
que vieron tragedias tantas.
No esperes, siendo posible,
que no sin aliento caiga

sobre tu pálida frente
de sangre propia manchada.
Y, pues yo, Fernando, he sido
el Jonas de esta borrasca,
arrójame al mar soberbio.
Tendrás segura bonanza.
¡Mira que llegan!

Fernando   Si piensas
que como sirena encantas,
taparé, como otro Ulises,
los oídos que te engañan
si escuchan suspiros tiranos
entre amorosas palabras.
Y tú, noble padre mío,
que excedes a las desgracias
de Troya, pues cuando Eneas
la miraba ardiendo en llamas,
libró a su padre en los hombros,
que eternos hace la fama;
mas los enojados cielos
multiplicando venganzas,
cuando dan paso en el fuego
nos le han cerrado en el agua.
No hay donde escaparte puedas.
No hay, como en Troya, montañas;
que en montes de rica espuma
solo pensamientos pasan.
Ya el cosario bergantín,
que los cristales quebranta,
con voces atemoriza
y con remos nos alcanza.
El bárbaro capitán
desafía entre las armas

| | al Sol con nubes de plumas |
| | sobre montes de bengalas. |

Álvaro

¿Qué intentas, Fernando?

Fernando

Padre,
si los nobles se acobardan,
¿qué dejas a los que tienen
pecho humilde y sangre baja?
¡Yo he de morir como noble!

Pedro

¡Aborda! ¡No se nos vaya
la presa!

(Suena [un] clarín; parece el bergantín de los moros y Pedro de moro con rodela y espada.)

Fernando

¡Válgame el cielo!
¡La ilusión es fantasma
que representa el temor!

Pedro

Perro cristiano, ¿qué aguardas?
¿Con qué poder te defiendes?
¿Con qué favores te amparas?

Álvaro

Éste, ¿no es mi hijo? ¡Cielos!

Pedro

Mas, ¿cómo mi intento alcanzas?
¿Quieres por no ver tu afrenta
rendir a mis pies el alma?
Yo te cumpliré el deseo.

Fernando

Bien te acuerdas que en las playas
de Valencia, cuerpo a cuerpo,

pude templar tu arrogancia
y entonces eras cristiano.
Mira, agora que te falta
la luz del Sol de justicia,
si podré vencer tus armas.

Pedro   ¡El renegado Hamete
desde hoy los hombres me llaman
y el Sol de Clemencia puede
darme su luz soberana!

(Pelean [Pedro y Fernando].)

Álvaro   ¡Hijo de mi vida, espera!
Mira que un león se agravia
si entre corderos humildes
muestras las sangrientas garras.
¿Qué furia es la tuya, Pedro?
Tu misma sangre derramas,
que para empresas mayores
por fuerza ha de hacerte falta.
Y cuando mezclar pretendas
la furia a las amenazas,
vuelve a tu padre los ojos
que besa humilde tus plantas.
Acerca más el bajel;
verás que los pies te bañan
lágrimas de un padre humilde
que duras peñas ablandan.
Pero si el Sol verdadero,
eterna luz de las almas,
deja en tinieblas la tuya,
nieve y hielos te acompañan.
¡La dureza de tu pecho

vence las sierras más altas
que en las ausencias del Sol
las cercan nubes heladas!
Vuelve a confesar a Cristo,
que de laureles y palmas,
desde la cruz donde muere,
te está ofreciendo guirnaldas,
y denme la muerte luego
tus animosas escuadras;
partirá mi alma contenta
a la soberana patria.

Pedro   Si me soltó de su mano
Cristo y sin fe ni esperanza
le niego la reverencia,
en vano piedad aguardas
de mi furia. Niega a Dios
mi lengua desesperada,
¿y no negará a mi padre?
¿Para qué hijo me llamas?
¡Moros, rompedle aquel pecho
entre puntas de alabardas!
Verá el mundo a lo que llega
la colérica venganza
de la ingratitud de un padre.
¡Con acciones inhumanas
seré el hijo más cruel
que vio el tiempo ni la fama!
¡Mas dejadles, esperad!
Ya que a los hombres espanta
mi crueldad, a las mazmorras
de Argel pretendo que vayan.

Fernando   ¡Primero, infame español,

	que ofensa a mi padre hagas, verás un monte de acero sobre esta pequeña barca!
Álvaro	¡No te defiendas, Fernando!
Clemencia	Esposo, el valor te engaña. Rinde el pecho a la Fortuna inconstante, ciega y varia.
Pedro	¿Esposo en presencia mía a un hombre cobarde llamas? ¡Nuevas venganzas me animan! ¡Bárbaros celos me abrasan! ¡Echa el ferro! ¡Llega, aborda, que el fuego y celos del alma han de abrasar en un punto aguas, hombres, cielos y barcas!
Álvaro	¡Pedro!
Pedro	¡Hamete es mi nombre, perros!
Fernando	¡Que tantas desgracias no tengan fin!
Pedro	¡Hoy, Argel, será mi heroica venganza!

(Aquí se juntan las barcas. Entra Pedro en la barca de su padre y la vence. [Vanse. Salen el] Rey y Trigueros.)

| Rey | Zulema, estoy tan corrido |

que entre mi enojo y mi enfado,
quisiera haberme engañado
para no haberlo sentido.
     Pero de suerte vencí
las dudas que se ofrecieron
a los ojos, que sirvieron
de mayor crédito en mí.
     Aquel muchacho cristiano...
¿sabes quién digo?

Trigueros   Ir delante.

Rey   Me dejó más ignorante
del bien que pretendo en vano.

Trigueros   Pues, ¿qué querer preguntar,
si cuando estar satisfecho,
andar buscando el provecho
y el pisadumbre boscar?
     Cuando engordar el cochino,
tocino esperar después;
y el cabar el vinas es
para que agardamos vino.
     Perdonar si le traemos
ejemplicos de cristianos;
que cuando tener al manos,
más que el mosqueto bebemos.
     E prosiguiendo, sonior,
el resposta que querer
del bien Zolema saber.

Rey (Aparte.)   (Hace la pregunta Amor.)
     Juzgué, con nuevos desvelos,
mujer a Félix, de suerte

que el Sol, si a mirarlo advierte,
me daba en los rayos celos.
   Habléle y me respondió
como oráculo confuso,
pero en las dudas que puso,
mi fuego se declaró;
   que basta la aprehensión
de que femenil belleza
le ha dado naturaleza
para aumentar mi pasión.
   ¡Qué ya con amor gentil
mira que en tanto esperar
se ha visto un mozo adorar
a una imagen de marfil!
   Dime si es Félix mujer,
si pretendes mi favor,
para que pase mi amor
del conquistar al vencer;
   porque el amor bien nacido
no admite al alma arraigado
ni en los desdenes enfado,
ni en las ausencias olvido.
   Robáronle los cristianos,
pero ya me le promete
el valor del nuevo Hamete
que surca esos mares canos.

Trigueros   Sonior, cozas que tener
los créditos de openión,
nunca dar bona razón;
nunca él verdades saber.
   Decir el fama que ardendo
Fénix dar volta a vivir;
ser grande embuste e mentir,

que nadie pode estar vendo.
   Hombre que alzar el segura
e los estrellas mirar
le hacer por le enganiar,
ser openión mal segura.
   A Espania ver de mil modos;
donde es como el frailesicos,
Alá les ver de moricos,
e ser emboste por todos;
   Al fin estar openión;
mas lo que poder palpar,
nunca es bono el preguntar.
Necios el preguntas son.
   Cuando amores estar frescos,
le podes satisfacer.

Rey   ¿Pues cómo lo puedo ver?

Trigueros   ¡Quetar el cinta al gregüescos!

Rey   ¡Ah, cristianos, cuando os doy
                       la libertad que buscáis,
                       mis ofensas procuráis!
                       ¡Furioso y amante estoy!
                          ¡Viva Alá, que si al mar salgo,
                       que con amenazas solas
                       envuelva en fuego las olas!

Trigueros (Aparte.)   (¡Mucho me mira este galgo,
                          y temo que si emperra,
                       ha de echarme el diente a mí.)

Rey   ¡Qué tan desdichado fui
                       en ser tan corta la tierra;

que si tardaran un día
de hallar defensa en el mar,
su muerte supiera dar
venganza a la ofensa mía!

Trigueros   ¿Qué temer cuando ir Hamete
en so bosca en bergantín
más que el vento?

Rey   ¡Dulce fin
a mi esperanza promete!
El cielo le dé favor
cuando a las manos llegare.

Trigueros (Aparte.)   (¡Y plega a Dios que no pare
hasta Madrid mi señor!)

Rey   ¿Qué dices?

Trigueros   Que vosancé
sanar de pecho el postema.

Rey   Oye mi intento, Zulema.

(Salen la Infanta [Celaura] y Corsario.)

Corsario   ¿Ansí desprecias mi fe?
¿Ansí un amor tan valiente
que entre abrasados desvelos
vence penetrando cielos
la esfera del Sol ardiente?
Tu ingrato desdén admiro
si pueden ganarte el gusto
diamantes del indio adusto

entre púrpuras de Tiro;
si los ópimos metales
que Arabia en sus venas cría,
perlas que del alba fría
en nácares orientales,
    ¿cuánto más valor tendrán
alma y corazón rendidos
que metales sin sentidos
que sin méritos te dan?

Celaura   Aunque por bajo interés
juzgas mi real decoro,
nácares, púrpuras y oro
despreciados de mis pies
    les diera de mejor gana.
Mira, ¿es mi amor lo que medras?
¡Mejor lugar a las piedras
que a tu pretensión liviana!
    Cuando me hablas, me ofendes.
Cánsasme cuando me miras,
me hielas cuando suspiras,
me enojas cuando pretendes;
    que lo que cielo parece,
en llegándose a querer,
viene luego a parecer
infierno si se aborrece.

Trigueros   Consoltar el agoreros
y saber si le encontramos
[a] Hamete.

Rey   Bien dices, vamos.

(Sale un Moro.)

108

Moro	Cuando volarán ligeros,
	  por quebrantadas espumas,
	más que del Sol los caballos
	bastará Hamete a alcanzallos
	haciendo los remos plumas.
	  La presa en palacio tiene.

Rey	¿Tanta dicha merecí?
Trigueros (Aparte.)	(¡Qué este perro baharí con estas nuevas nos viene!)
Celaura	Harto más bien granjearas mi amor, que sin fruto esperas, si por los cristianos fueras.
Corsario	Cuando tú lo imaginaras, fuera poco atravesar.
Celaura	No entiendo de atravesías.
Rey	¡Dulces esperanzas mías que os he venido a lograr! Pídeme albricias.
Trigueros	¿Querer que yo por ti le pedemos?
Moro	Sí.
Trigueros	Pues peder que le demos milión de azotes por ver si romper saco el codicias.

Rey	Por tan agradables nuevas, muy poco ha de ser si llevas todo mi reino en albricias.

(Salen Pedro, Fernando, Clemencia y el padre [don Álvaro].)

Fernando	En nuestra adversa fortuna estimo más tu favor que la vida.
Clemencia	De mi amor no esperes mudanza alguna.
Pedro	Como el imperio quebrantas del mar que soberbios cría, hoy los esclavos te envía lisonjeros de tus platas, pues obediente y fiel tantos miedos les enseña que se les convierte en peña [los remos] de su bajel. Perdió la esperanza y brío, pues entre asombros y penas, fueron las otras cadenas hasta que llegase el mío; que aunque este valor profesa para que Marte se asombre, no le repetí tu nombre, por coger viva la presa. Déjeles hacer alarde de algún valor porque el mar se corriera de aguardar una lisonja cobarde;

y si con obras te obligo,
pido que de estos cristianos
quede la presa en tres manos
y en las mías el castigo;
    que aunque venzan en crueldades
las tiranas monarquías,
yo sé que en viendo las mías,
serán las tuyas piedades.

Rey   Tan bien mi gusto dispones,
que dejo a tu voluntad
la clemencia y la crueldad.

Pedro   Ya moriréis en prisiones.
    ¡Llevadlos a donde sientan
mi vengativo furor!

Álvaro   Por ser de un hijo el rigor,
no lastiman, sino afrentan
    las desdichas de mi hado.
¿Posible es que padre he sido
de este monstruo? ¡Estoy corrido
de ser yo quien le ha engendrado!

Trigueros   Sonior capetán, dejar
a Zulema el presioneros.

Pedro   A ti te importa, Trigueros,
no disgustarme.

Trigueros   Caliar
    e ver como obedecemos.
Vejo, al mazmorra venir,
que bronce no ha de sentir

	tan lastimosos extremos.
(Aparte.)	(¡Juro a Dios que es un bellaco mi amo!)
Álvaro	Félix, adiós.
Clemencia	Él vaya, padre, con vos.
Álvaro	Mal mis lágrimas aplaco; ¿de qué bárbaros se cuenta que algún hijo hiciese tal? Mas, ¡ay de mí! que mi mal no es desdicha, sino afrenta.
Clemencia	¡Fernando!
Fernando	Clemencia mía, solo temo tus mudanzas.
Clemencia	Si yo lograse esperanzas como firmezas podría, bien te quitara el recelo que de mi mudanza tienes.
Fernando	Dichosamente previenes a mis penas el consuelo. Dios te guarde.
Clemencia	Y Él te anime.

(Llévales Trigueros [a don Álvaro y Fernando].)

| Rey | Félix, escucha. |

Clemencia	Señor, ¿qué mandas?
Celaura	Este favor, ¿quién habrá que no lo estime? Ansí, ¿cuánto, capitán, queda el premio que merece
(Aparte.)	tu valor? (¡Mi fuego crece!)
Rey	¿Pues disfavores se dan a un rey?
Clemencia	Por disculpa honrada se puede admitir, señor.
Celaura (Aparte.)	(¿Cómo le diré mi amor?)
Pedro (Aparte.)	(El alma tengo turbada; que mira el rey a Clemencia con cuidados de mujer.)
Celaura	Déjala favorecer cuando estimo tu presencia; y advierte que has granjeado prendas de amor en mi pecho.
Corsario	Mayores daños sospecho si el alma no se ha engañado.

(Han de estar en este punto en hilera. Primero Clemencia y luego el Rey y luego Pedro; después la Infanta [Celaura] y a su lado el Corsario.)

Celaura (Aparte.)	(Con el muchacho cautivo fingiré tiernos amores.

¡Tenga aparentes favores
Félix!)

Rey (Aparte.)   (Mi gloria apercibo
si le descubro a la infanta
quién es, porque una mujer
sabrá templar y vencer
tal rigor, dureza tanta.)
Ya, Celaura, tuyo es
Félix, regálale mucho,
y la ocasión...

Pedro (Aparte.)   (¿Esto escucho?)

Rey   ...yo te la diré después;
que merece este favor.

Celaura   Y a mí me ayudan los cielos.
(Aparte.)   (¡Abrasarle tengo en celos
del cautivo!)

Pedro (Aparte.)   (Ya el furor
me ciega. De mi presencia
el bien me quiere quitar.)
Señor, dejadme hablar
a Félix.

Celaura   Ya no hay licencia.
(Aparte.)   (Celos del cautivo tiene;
obrando está mi desdén.)
Vámonos, Félix.

Rey (Aparte.)   (¡Qué bien
con mis intentos conviene!

Parece que ha conocido
su femenil rostro hermoso.)

Corsario (Aparte.)   (Ya vivo menos celoso
y estoy más arrepentido.
Engañéme, que antes veo
que la infanta le desprecia.)

(Vanse el Rey y Corsario.)

Celaura (Aparte.)   (Hoy a su arrogancia necia
ha de vengar mi deseo.)
Félix, mira que has de ser
secretario de mi pecho.

Pedro (Aparte.)   (Que le está hablando sospecho
por el rey.) Fiera mujer,
mira que al cielo le quitas
la luz, la fuerza al amor.
¿Quién te ha enseñado el rigor
con que a las fieras imitas?
(Aparte.)   (Tercera es del rey. ¡Ah, cielos!
¿Cómo ansí me atropelláis?)

Celaura   Ansí os haré que sepáis
lo que lastiman los celos.

Pedro (Aparte.)   (Pierdo el alma por ganar
una adorada mujer,
y sintiéndola perder,
no he de saberla cobrar.
Si nunca el Amor guardó
decoro al mayor estado,
siendo yo el interesado,

115

¿por qué he de guardarlo yo?
 ¡Muera el rey que a mi furor
le dan, si pesa a los cielos,
desesperación los celos
y atrevimientos Amor!)

(Vase.)

Celaura   Félix, si tu dueño soy,
mandarte puedo de veras.
Yo te mando que me quieras.

Clemencia   Palabra, infanta, te doy
   de obedecerte y ansí
ya te he empezado a querer.

Celaura (Aparte.)   (¡Oh, si nos pudiera ver
aquel ingrato! ¡Ay de mí,
   que con arte y con engaños
solicito el ser querida!)

(Vuelve a la puerta [Pedro].)

Pedro (Aparte.)   (Clemencia es ya conocida.
¿Qué busco? ¿Más desengaños?
   ¿Para qué quiero escuchar
lo que en mi daño ha de ser?)

Celaura   Mi Félix, ¿me has de querer?

Clemencia   No querer, pero adorar.

Celaura   ¿Y si Hamete lo escuchase?
(Aparte.)   (Mas allí le he visto. ¡Cielos,

caiga un rayo de estos celos
que le deshaga y abrase!)
    Mi Félix, yo te confieso
que quise a Hamete; mas ya
solo tu beldad me da
dulce amor. Solo profeso
    darte gusto y adorarte.
¿Serás mío?

Clemencia   Eternamente.

Celaura (Aparte.)   (¡Dichosa yo si lo siente!)

Pedro (Aparte.)   (Amor, no debo culparte.
                        La infanta no solicita
                    a Clemencia por el rey.)

Celaura   Tendrás amor. ¿Tendrás ley
                    si la tengo yo?

Clemencia   Infinita.

Pedro (Aparte.)   (Ella pensando que es hombre,
                    o como a Félix la adora,
                    o finge que la enamora
                    por darme celos.)

Celaura   ¡Asombre
                    tanto amor mares y cielos!

Clemencia (Aparte.)   (¡Y asómbrelos mi desdicha!)

Celaura (Aparte.)   (Él nos oye; haga mi dicha
                    que nazca amor de estos celos.)

Pedro (Aparte.)   (Ella quiere amartelarme;
y para dar a entender
que no es Clemencia mujer,
celos finjo.)

Celaura   ¿Quieres darme
un abrazo, Félix mío?

Clemencia (Aparte.)   (Disimulando, que soy
mujer, los brazos le doy.)
Sí, daré y en ti confío.

(Abrázanse [y sale] Pedro con la daga en la mano.)

Pedro   ¡Falsa, ingrata! ¿De esta suerte
se corresponde a mi amor?
¡Los celos son un furor!
¡Estoy por darte la muerte!
    Y tú, Félix, vil cautivo,
¿los brazos osaste dar
a la gloria singular
por quien muero y por quien vivo?

Celaura (Aparte.)   (¡Obró el veneno celoso!
Ansí, ansí, sabed de amores.)

Pedro   ¿Estos eran los favores
de tu pecho generoso?

Celaura   Alá sabe a quien adoro.

Clemencia (Aparte.)   (A Dios con lágrimas llamo.)

Celaura (Aparte.)   (Ay, español, yo te amo.)

Pedro (Aparte.)   (Ay, Clemencia, yo te adoro.)

(Vanse [Pedro, Clemencia y la Infanta Celaura. Salen don Álvaro] y Fernando con cadenas, y Trigueros.)

Álvaro   Si a Dios tu señor dejó,
                               ¿qué podemos presumir
                               de ti?

Fernando   ¿Puédese encubrir
                               lo que tu lengua mostró?

Álvaro   Claro está que al torpe sueño
                               de la culpa el alma has dado,
                               que se conoce el criado
                               por las costumbres del dueño.
                                iHijo de padres cristianos
                               quedado en tan ciego abismo!
                               Mas, ¿qué digo, si yo mismo
                               tengo el ejemplo en las manos?
                                Cristiano y noble nací
                               y un hijo perdido lloro.

Trigueros   Ya he dicho que no soy moro;
                               la lengua sola fingí.

Fernando   ¿Luego has fingido de miedo?
                               ¿Qué no te ha faltado luz?

Trigueros   Sí, juro a Dios y esta cruz
                               y a las palabras del credo.

Álvaro	Temo que engañarme quieras.
Trigueros	¿Hay más terrible apurar?

Pues, ¿qué quieren apostar
que he de renegar de veras?
  Llamaron gallego a un loco
en Madrid y dijo luego:
«Antes moro que gallego»,
y dicen que dijo poco;
  pero el que es gallego dino,
dirá con justo decoro:
«Antes gallego que moro»,
no por Dios, mas por el vino.
  Por excusar la mazmorra
y la paliza lo he hecho,
y porque saco provecho
de vivir metiendo gorra.
  Regálanme lindamente,
y yo que no soy muy lerdo,
entre lo bellaco y cuerdo,
le como un lado a esta gente.
  Tengo el ejemplo delante
del que se obligó a los daños
si no enseñaba en diez años
a hablar [a] un elefante;
  que diciendo otro cautivo:
«¿Cómo te puedes librar
si en efecto ha de llegar
el término ejecutivo?»
  Risueño le respondió:
«En diez años claro está
que alguno se morirá,
el rey, elefante o yo.»
  Y ansí el negocio has mirado,

cristiano soy como un roble,
que aunque gallego, soy noble.

(Sale un Moro y escucha.)

Moro (Aparte.)   (¡Si con ellos se ha burlado!
                    ¡Qué es cristiano está diciendo!)

Álvaro   No me pudiera mi hijo
                    causar mayor regocijo.
                    ¡Al cielo estoy bendiciendo!

Trigueros   ¡Cristiano mil veces soy,
                    que Mahoma es un bergante!

Moro (Aparte.)   (¿Tal dice un perro ignorante?
                    A llamar la guarda voy;
                      que por el santo profeta
                    que ha de morir el villano.)

(Vase [el Moro].)

Trigueros   En el alma soy cristiano
                    y moro en la gabaneta.

Fernando   ¿Y si descubriendo van
                    lo que agora el alma encubre?

Trigueros   Si el busiles se descubre,
                    moriré como un Roldán.

(Sale el Moro con el Corsario.)

Corsario   No es posible si nació

en Marruecos.

Moro   Yo le oí
confesar a Cristo aquí.

Corsario   Por ventura se burló.

Moro   Presto le verás.

Corsario   ¡Zulema!

Trigueros   ¡Vive Dios, que me han cogido!
Mas no estoy arrepentido
que en más mi valor se extrema.

Corsario   ¿Ansí guardas el decoro
al profeta soberano?
Dícenme que eres cristiano.

Trigueros   ¿Pues cuándo he sido yo moro?

Corsario   Advierte que el renegado
de nuestra ley tiene pena
que a la muerte le condena.

Trigueros   Nunca mi ley he negado.

Corsario   Mira tu notorio engaño.

Trigueros (Aparte.)   (¡Oh, qué de espacio lo toma!)

Corsario   ¡Sabes tú quién es Mahoma?

Trigueros   Un arriero picaño,

juro a Cristo.

Álvaro
Capitán,
Trigueros nació cristiano.

Moro
¡Hasta en el nombre es villano!

Trigueros
Pues, ¿es mejor Solimán?
¡Diga el galgo!

Moro
En vano aplaco
la furia que el pecho enciende
que ansí este perro me ofende.

Trigueros
Él miente y es un bellaco.

Corsario
Llevadle al rey y él verá
lo que arrepentirse importa.

Álvaro
Trigueros, la vida es corta.

Trigueros
¡Oh, qué moderno que está!
¿Era yo de Boceguillas
que mi ley he de negar?

Corsario
Advierte...

Trigueros
No hay que tratar;
bien pueden hacerme astillas.

(Salga Pedro.)

Pedro
¿Qué hacéis? ¿Qué aguardáis con él?

Fernando	Esfuerzo tiene bizarro.
Trigueros	Ser mártir gallego en barro.
	¡Mártir me fecit!
Álvaro	Cruel,
	¿reniegas?
Trigueros	Siempre reniego
	de Mahoma; a Cristo adoro
	y piadosamente lloro
	mis culpas.
Pedro	Vives; mas ciego.
Trigueros	Tú eres el que ciego estás,
	pues a Cristo puesto en [cruz]
	niegas perdiendo la luz.
Fernando	No vi tal valor jamás.
Pedro	¿Qué aguardáis con él? ¡Llevadle!
Trigueros	Si es por lo que agora os hablo,
	mirad qué dice San Pablo
	a los coritos.
Corsario	¡Matadle!
Trigueros	Moros, ad corintos, digo
	aunque me hagáis tajados.
Álvaro	¡Quien siguiera tus cuidados!
	Mas con el alma los digo.

124

¿No te avergüenzas de oír
que un hombre humilde y criado,
hijo, haya confesado
a Cristo y vaya a morir?
　　Pero sin fruto te advierto
y con la luz te apercibo
de un claro ejemplo tan vivo
estando en la fe tan muerto.

(Vanse [todos menos Pedro].)

Pedro　　　　　　　¿Qué es esto Dios? Un criado
humildemente nacido,
¿esta constancia ha tenido?
Y yo que más obligado
os estoy, ¿os he negado?
¿Leyes dulces y suaves
se truecan por culpas graves?
¡Ah, mi Dios! ¡No se entienda
que el hombre solo os ofenda
cuando os bendicen las aves!
　　Yo, que era Pedro en Madrid,
Hamete soy en Argel;
el nombre dulce y fiel,
de aquel segundo David,
del que es verdadera vid,
de Jesús blanca paloma,
troqué por el de Mahoma.
¡Rasguen las nubes sus senos!
¡Produzcan rayos sin truenos!
¡Salga un león que me coma!
　¡Tiemble la tierra por mí!
¡Brame el mar y gime el viento!
¡Caiga el alto firmamento!

¡Ábrase el infierno aquí!
Hamete soy; Pedro fui
negando a Cristo. Y ya hallo
que en todo es bien imitallo.
El alma a Cristo desea
y la voz de un criado sea
para mí la voz de un gallo.
    Pues el generoso azor,
rompiendo el aire lozano,
sabe volver a la mano
del dueño y del cazador.
Sepa agora un pecador
volver con alma piadosa
a la mano generosa,
que alas y plumas le dio
con que a su muerte voló
como ciega mariposa.
    La luz del Sol me socorre,
ojos, pues tiempo tenemos,
tantas lágrimas lloremos
que mi pecado se borre;
el alma misma se corre
y me avergüenzo y confundo
al mirarme. Sepa el mundo
que noble Ramírez fui
y que en la corte nací
del gran Felipe segundo.

(Va desnudándose, arrojando el vestido.)

    Un furor, una venganza
y una locura ha podido
despeñarme. ¡Vil vestido,
decid mi grande mudanza!

No tengamos semejanza
con los que no tienen fe;
que si yo a Cristo negué,
que me sustenta y me rige,
no supe lo que me dije
pero agora bien lo sé.

(Salgan por las dos puertas [don Álvaro] y Fernando.)

Señor padre, amigo hermano,
si ansí os merece llamar
quien a Dios supo negar,
dad la muerte a este tirano.
Dios me dejó de su mano
y ya otra vez me la dio.
Déjame, padre, que yo
humilde te desengañe
y con mis lágrimas bañe
los pies del que me engendró.
Romper quiero las cadenas
que mi ignorancia te puso.

Álvaro   Alegre estoy y confuso
en mis prisiones y penas.
¡Mi Dios, que el remedio ordenas
de este hijo, dame aliento,
no me mate este contento!

Pedro   Perdóname, mi Fernando.

Fernando   Suspenso te estoy mirando.

Pedro   Y yo volviendo a la fe,
tantas lágrimas daré

que me vayan anegando.
　Pedro soy; cristiano soy.
Los que moro me habéis visto,
sabed que mi Dios es Cristo;
reverencia a Cristo doy.
Sus rayos me alumbran hoy.
Su ley sola es la perfeta.
¡Moros, dejad vuestra seta!

(Salen el Rey, [la] infanta [Celaura] y moros.)

Rey   ¿Qué es esto Hamete? ¿Qué dices?

Pedro   Que sois todos infelices
creyendo a un falso profeta;
　que solo Cristo es verdad
y Él es el Dios de los cielos.

Celaura   Loco le tienen los celos.

Pedro   Poderosa es su deidad,
dulce Amor. Moros, dejad
la infame ley que tenéis
y si salvaros queréis,
adorad a Jesucristo.

Rey   ¿Cómo mi furia resisto?
¡Oye, Hamete!

Pedro   No llaméis
　a quien es Pedro, Hamete.
¡Cristo es mi Dios. En Él creo!

Celaura (Aparte.)   (Volverle el seso deseo.)

¡Oye, mi bien!

Pedro
                         ¡Perra, vete;
que tu ley no me promete
sino llamas, pena y hielos!

Celaura   ¡Tuya soy; no tengas celos!

Pedro   Bien dices, que celos son
de mi santa religión,
que es camino de los cielos.

Rey   ¿Burlas de Mahoma?

Pedro   ¡Sí!
Su infame nombre blasfemo,
ni le estimo ni le temo.

Rey   Habrás de temerme a mí.

Pedro   Noble y cristiano nací.
Un furor, una locura
me trujo a tan desventura.
Negué a Dios y ya le confieso.

Rey   ¡Denle la muerte!

Pedro   Por eso
tendré vida más segura.

Rey   ¡Pues, denle la misma muerte
que a [Cristo]!

Pedro   ¡Dichoso yo!

Celaura	De nuestra ley se burló y de mi amor se divierte, ¡muera de la propia muerte que Cristo, crucificado!
Rey	En esa puerta enclavado esté.
Álvaro	¡Hijo, persevera!
Pedro	Mi fe creció de manera que se iguala a mi pecado. Déjame, Rey, que yo haga en la puerta una señal de aquella [cruz] inmortal donde [Cristo] mi Dios paga por mis culpas.
Rey	Satisfaga a su Dios de esa manera.
Pedro	Arco de paz verdadera, señal de serenidad, muera yo por tu verdad.
Álvaro	Hijo mío, persevera.
Pedro	Piadosamente ha tratado mi causa. Yo te agradezco mi muerte y la vida ofrezco al martirio deseado, pero si [cruz] me ha faltado cruz formaré con el dedo

porque en la mortal pelea,
cuando al enemigo vea,
pueda batallar sin miedo.

(Señale con el dedo una cruz y fórmela.)

Árbol santo, cuya flor
a su hermosura convida,
cuyo fruto fue la vida,
cuyas hojas son amor,
cayado de aquel pastor
que murió por su ganado,
vara del Moisés sagrado
que milagros multiplica,
a tu pie se purifica
la boca que te ha negado.

(Cúbrenle [a Pedro].)

Rey   Cruz parece milagrosa
               la que su mano formó.

Celaura   ¿Cuándo al cristiano faltó
               la mágica fabulosa?

Rey   Con sentencia más piadosa
               quisiera haberle tratado,
               que era valiente soldado
               y pudo ser frenesí.

Celaura   Bien es que padezca ansí
               el que ansí me ha despreciado.
                  El desprecio de mi amor
               ha de llorar esta vez.

(Sale el Corsario con moros y Trigueros.)

Corsario   A que seas recto juez
hemos venido, señor.
Este moro sin temor
de Mahoma, lo maldice.
De él reniega.

Trigueros   Muy bien dice,
pero en que soy moro miente.
Por vivir entre tu gente
cómodamente lo hice.
  Cristiana mi madre fue
y en el vientre de mi madre,
como lo dirá mi padre,
de Mahoma renegué.
Nunca yo tu ley dejé,
porque jamás la seguí.
Dentro en Galicia nací
entre chorizos al humo,
y de los moros presumo
que no los comen aquí.

Rey   Por fingirse que nació
moro no merece muerte;
solo la pena se advierte
en el que la ley dejó
después que la profesó.

Trigueros   Luego, ¿por libre me das?

Rey   No siendo moro, lo estás.

Trigueros	Beso tus reales juanetes
	por el bien que me prometes.
Corsario	Hecho esclavo quedarás.
Celaura	Templarás el alegría
	viendo muerto a tu señor.

(Descubren a Pedro crucificado en la puerta por la frente.)

Trigueros	¡Válgame San Amador!
	¿Hay más lastimoso día?
Corsario	Creció la esperanza mía
	entre su mortal tormento.

(Sale Clemencia.)

Clemencia	Venceré en la prisa al viento
	aunque no pueda a la fama,
	que de su muerte me llama.
Fernando	¡Oh, milagroso portento!
	Mi hermano muere por Cristo
	y para imitarlo en [cruz
	tocó en sus ojos la luz
	con que sus culpas ha visto.
Clemencia	En vano el llanto resisto
	con piadosa compasión.
Pedro	Pocos mis tormentos son
	para quien llega a imitaros.
	No queráis, Señor, alzaros

con los de vuestra pasión.
Cruz divina, imagen fiel
del instrumento que hicieron,
tanto que al fin le rompieron
las cuerdas tocando en él,
cuando al pueblo de Israel
entre tormentos tiranos
tocó puntos soberanos
conque el Sol suspenso estuvo,
pues más de tres horas tuvo
las clavijas en las manos.
Muriendo en cruz, mi Dios, por culpa mía,
hicieron sentimiento los mortales;
las luces se eclipsaron celestiales,
montes extremeció la tierra fría.
Rasgóse el velo santo, y a porfía
se quebraron los duros pedernales;
sucedan en mí mismo estas señales
cuando yo muera en cruz antes del día.
Quebrántese la piedra de este pecho
a vuestro amor divino endurecida,
y mis ojos se eclipsen con el llanto.
Mi corazón se rasgue y ya deshecho,
extremézcase el alma al dar la vida,
temiendo el tribunal de Dios tan santo.

Rey   ¿Estarás ya arrepentido
               cuando sin remedio estás?

Pedro   Antes no tuve jamás,
               señor, placer tan crecido
               y estoy tan agradecido
               al tormento, aunque tan fuerte,
               que quisiera que mi muerte

se detuviera en llegar
para poderte pagar
las albricias de mi muerte.
   Mas, pues, te precias de humano,
de clemente y generoso,
rogarte será forzoso
por mi padre y por mi hermano;
y pues se disfraza en vano
Clemencia, por cuyo amor
al cielo perdí el temor
con pensamiento infiel,
halle en mi muerte cruel
tu generoso favor.
   ¡Mi Dios, mi Bien, Luz hermosa
que en la piedad resplandeces,
pues soy tu imagen dos veces,
dame sentencia piadosa!

(Cúbrenle [a Pedro].)

Rey   Esa virtud generosa
ha de ver el mundo en mí,
porque otro Alejandro fui
de otra más bella mujer,
que si ayer pudo vencer,
hoy pudo vencerme a mí.
   Dale, cristiano, la mano
a tu esposa y todos tres,
sin rescate ni interés,
cortad el mar africano.

Fernando   Por favor tan soberano,
te dé laureles oriente
para coronar tu frente.

Álvaro	Ya entre su penosa calma
le dio a quien adora el alma.
Clemencia	Él murió dichosamente.
Corsario	Pues, cuando tan general
con los favores te muestras,
¿no darás conmigo muestras
de tu pecho liberal?
En la sangre soy tu igual.
Si ves lo que te he servido,
por premio a la infanta pido
de mi glorioso tratamiento.
Rey	Si ella gusta, soy contento;
que ganará un noble marido.
Celaura	Como la causa murió
que en templar mi desdén
conozco que me está bien
......   [-ó].
Tu esposa soy.
Corsario	Ya llegó
el clavo a tener la rueda.
Trigueros	Y ya no es razón que pueda
acercarme hacia Madrid.
Rey	Todos de Argel os partid,
que nadie el pasaje os veda.
Y también licencia os doy
que el cuerpo podáis llevar.

Trigueros	Pues, vámonos a embarcar.
Álvaro	Tan agradecido voy que siempre tu esclavo soy. Vivirá en mí la memoria de tu fama y de tu gloria.
Rey	Guárdeos el cielo; partid.
Fernando	Y del mártir de Madrid da fin la dichosa historia.

Fin de la comedia

Libros a la carta

A la carta es un servicio especializado para
empresas,
librerías,
bibliotecas,
editoriales
y centros de enseñanza;
y permite confeccionar libros que, por su formato y concepción, sirven a los propósitos más específicos de estas instituciones.

Las empresas nos encargan ediciones personalizadas para marketing editorial o para regalos institucionales. Y los interesados solicitan, a título personal, ediciones antiguas, o no disponibles en el mercado; y las acompañan con notas y comentarios críticos.

Las ediciones tienen como apoyo un libro de estilo con todo tipo de referencias sobre los criterios de tratamiento tipográfico aplicados a nuestros libros que puede ser consultado en Linkgua-ediciones.com.

Linkgua edita por encargo diferentes versiones de una misma obra con distintos tratamientos ortotipográficos (actualizaciones de carácter divulgativo de un clásico, o versiones estrictamente fieles a la edición original de referencia).

Este servicio de ediciones a la carta le permitirá, si usted se dedica a la enseñanza, tener una forma de hacer pública su interpretación de un texto y, sobre una versión digitalizada «base», usted podrá introducir interpretaciones del texto fuente. Es un tópico que los profesores denuncien en clase los desmanes de una edición, o vayan comentando errores de interpretación de un texto y esta es una solución útil a esa necesidad del mundo académico.

Asimismo publicamos de manera sistemática, en un mismo catálogo, tesis doctorales y actas de congresos académicos, que son distribuidas a través de nuestra Web.

El servicio de «libros a la carta» funciona de dos formas.

1. Tenemos un fondo de libros digitalizados que usted puede personalizar en tiradas de al menos cinco ejemplares. Estas personalizaciones pueden ser de todo tipo: añadir notas de clase para uso de un grupo de estudiantes, introducir logos corporativos para uso con fines de marketing empresarial, etc. etc.

2. Buscamos libros descatalogados de otras editoriales y los reeditamos en tiradas cortas a petición de un cliente.

www.ingramcontent.com/pod-product-compliance
Lightning Source LLC
Chambersburg PA
CBHW051730040426
42447CB00008B/1061